알기쉬운

基礎日本語

Japanese write language beginning course

● 책 앞에

　이 「기초일본어」는 일본어를 처음 배우려는 학생 및 일반인을 위하여 가장 알기쉽고 이해하기 좋도록 문자와 회화, 단어 익히기 등으로 그림 해설과 같이 꾸몄으므로 누구나 가볍게 습득할 수 있을 것이다.

1. 문자인 「히라가나」와 「가타가나」는 기본 단어 암기에도 도움을 줄 수 있도록 그림을 삽입하여 쓰기란을 만들었으며,
2. 일상 생활에서 필요한 간단한 회화를 問·答 형식으로 엮어 초보자가 자연스럽게 익힐 수 있도록 꾸몄다.
3. 중요한 기초 문법과 사용도수가 많은 단어들을 알기 쉽도록 넣었으며, 뒷부분에 중요회화를 정리 하였으므로 응용회화에 많은 도움이 있으리라 믿는다.

기초일본어

1988년 6월 10일　초 판 발 행
2009년 4월 10일　14 쇄 발 행

편저자/편집부
발행자/김종진
발행처/은광사

등록번호/제18-71호
등록날자/1997년 1월 8일
서울시 중랑구 망우동 503-11호
전화:763-1258, 팩스:765-1258

※ 잘못된 책은 바꾸어 드립니다.

정가 7,000원

② 아　①이　①우　①에　②③오
①あ　②い　②う　②え　①お
　③　　　　　　　③

い에 / え집　　ア사 / あ아침　　い스 / す의자　　오카네 / おかね 돈　　우 / うし 소

아메 / あめ 비　　아사가오 / あさがお 나팔꽃　　엠피쯔 / えんぴつ 연필

あ	あ							
い	い							
う	う							
え	え							
お	お							

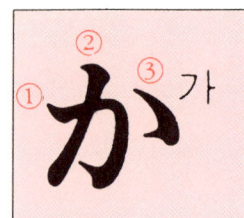    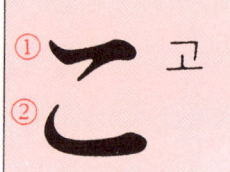

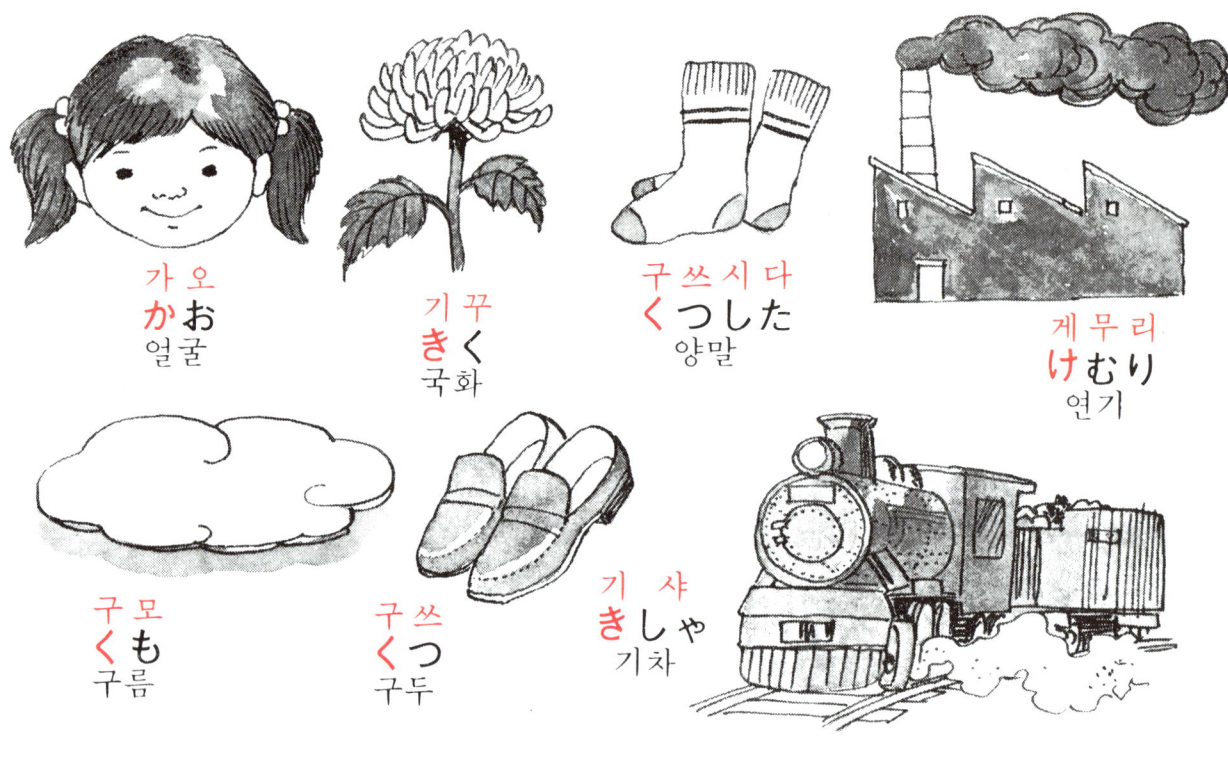

かお 얼굴
きく 국화
くつした 양말
けむり 연기
くも 구름
くつ 구두
きしゃ 기차

① ② た 다 ③ ④ ちっ찌 ①つ쓰 ①て데 ①と②도

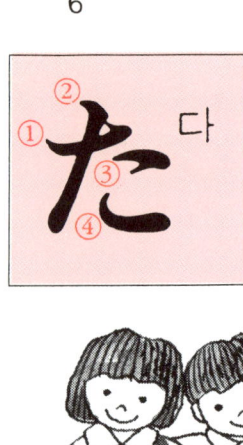
도모다찌
ともだち
친구

뎅와
でんわ
전화

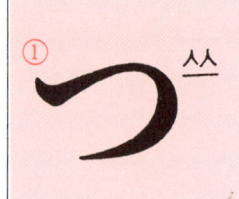
쓰꾸에
つくえ
책상

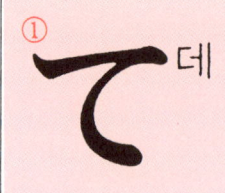
도께이
とけい
시계

데
て
손

다마네기
たまねぎ
양파

지꾸
ちく
지구

데가미
てがみ
편지

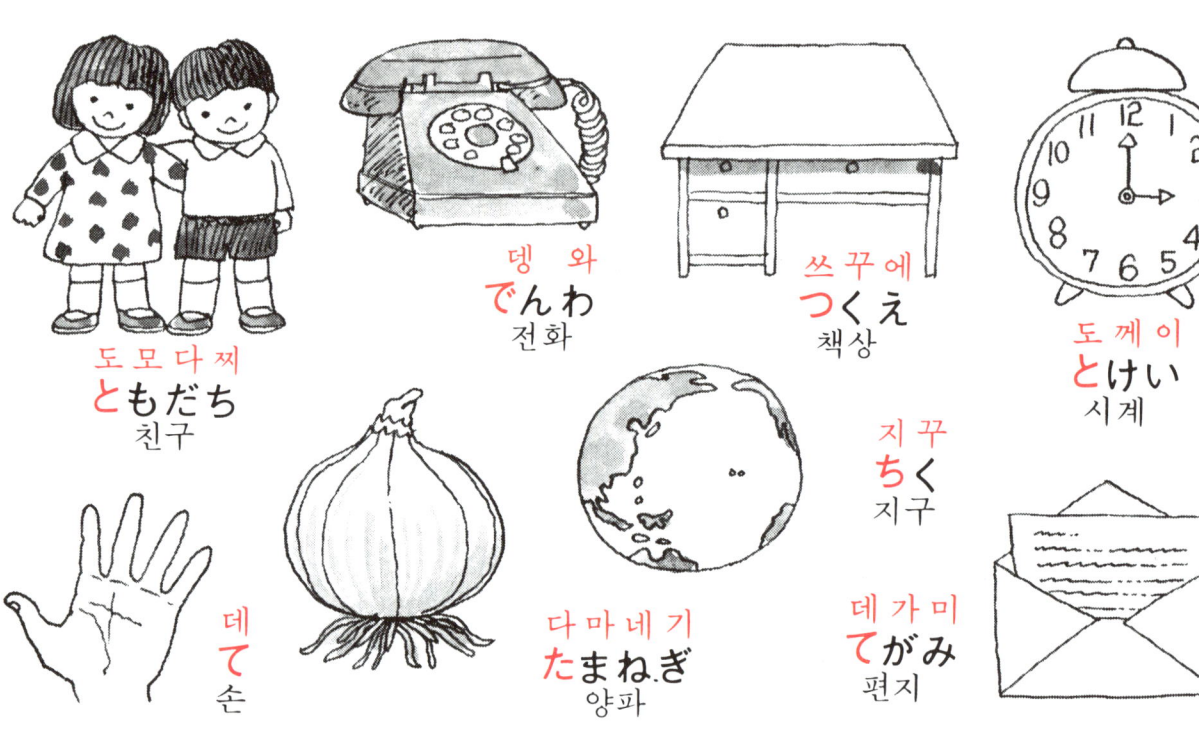

ま 마　み 미　む 무　め 메　も 모

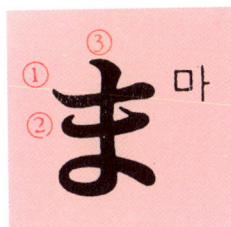

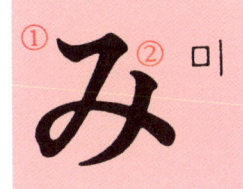

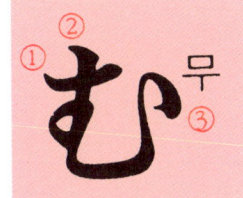

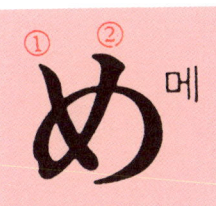

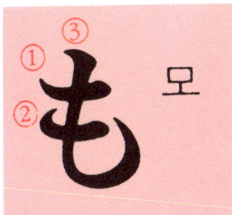

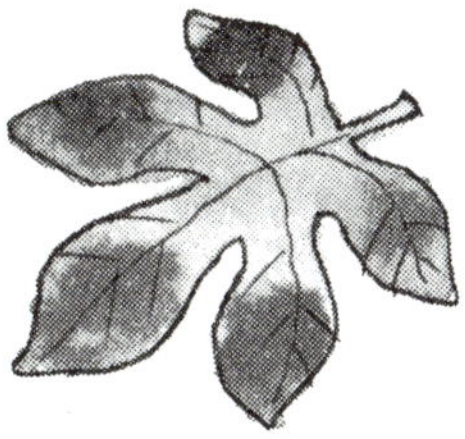

모미지
もみじ
단풍

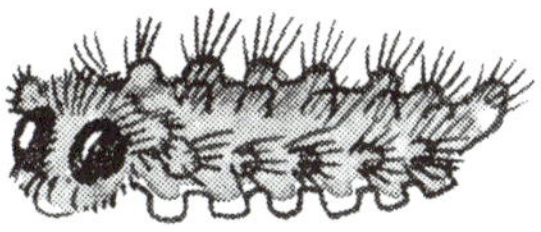

무시
むし
벌레

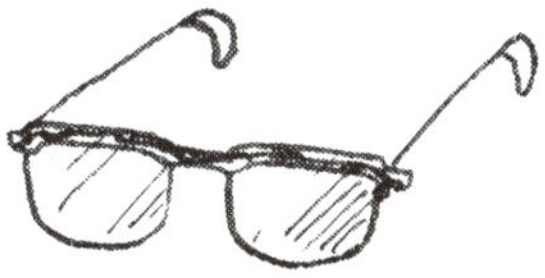

메가네
めがね
안경

메
め
눈

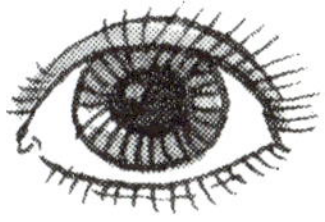

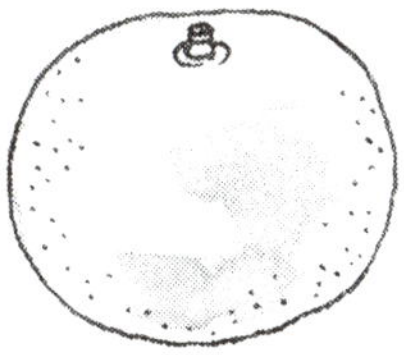

미깡
みかん
귤

마도
まど
창문

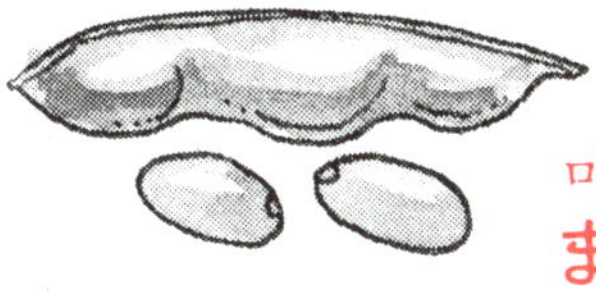

마메
まめ
콩

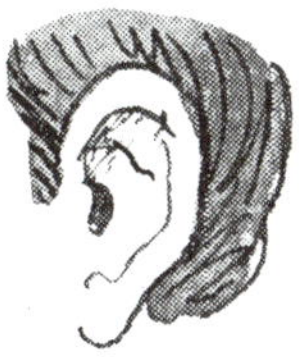

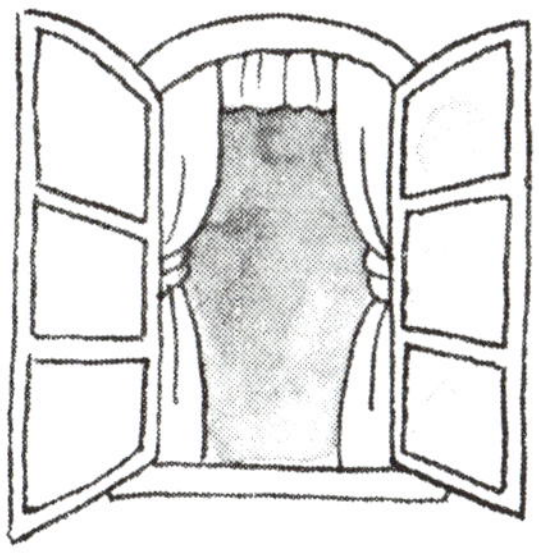

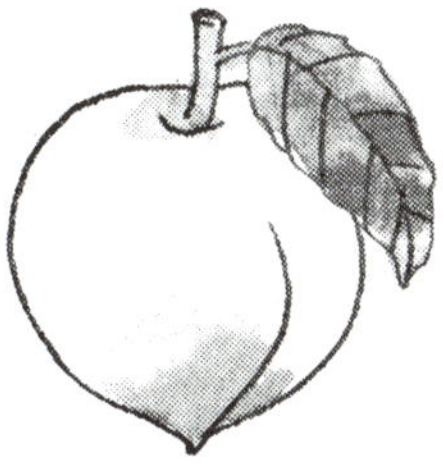

미미
みみ
귀

모모
もも
복숭아

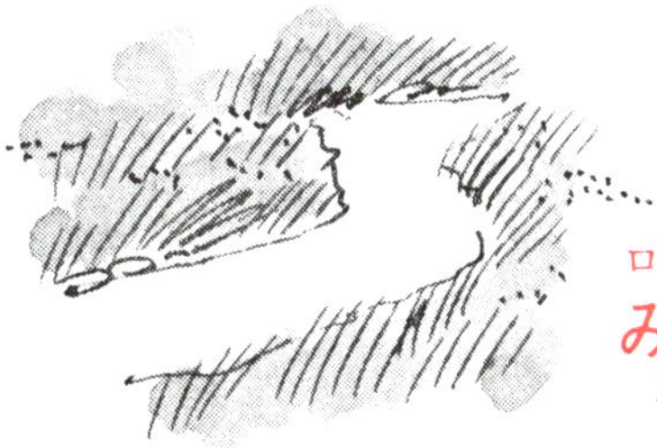

미찌
みち
길

ま	ま							
み	み							
む	む							
め	め							
も	も							

や 야	い 이	ゆ 유	え 에	よ 요

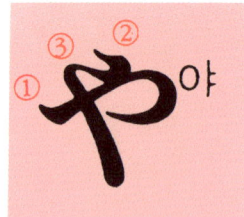

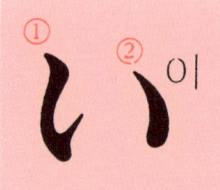

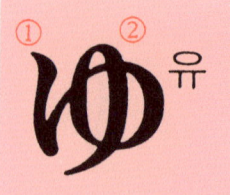

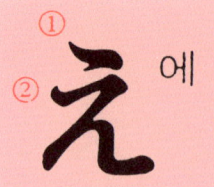

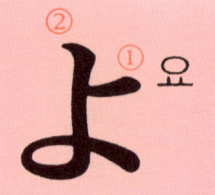

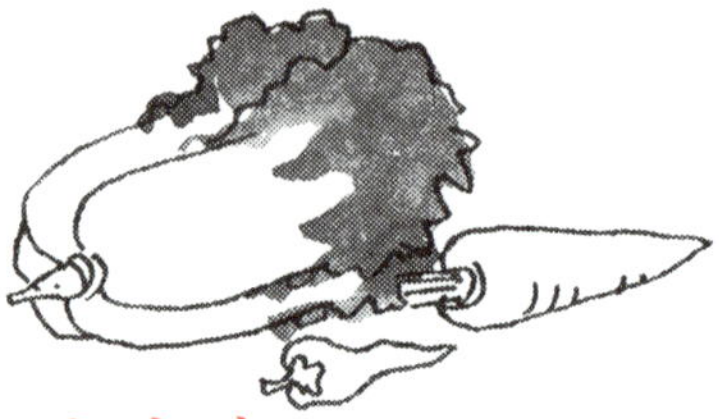

야 사 이
やさい
채소

야 규 우
やぎゅう
야구

유 비
ゆび
손가락

요 루
よる
밤

유 끼
ゆき
눈

야 모 리
やもり
도마뱀

요 낑
よきん
예금

や	や								
い	い								
ゆ	ゆ								
え	え								
よ	よ								

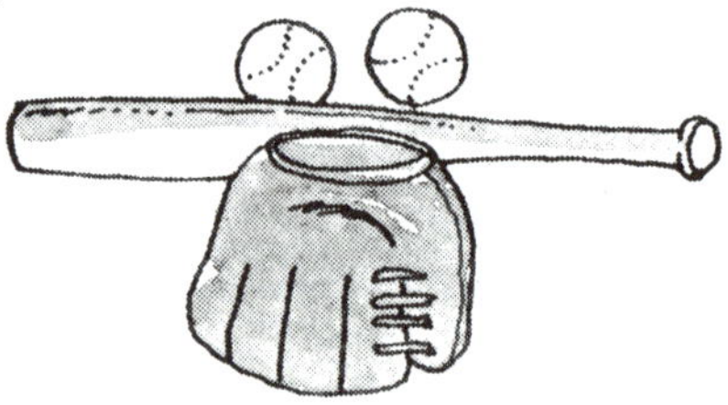

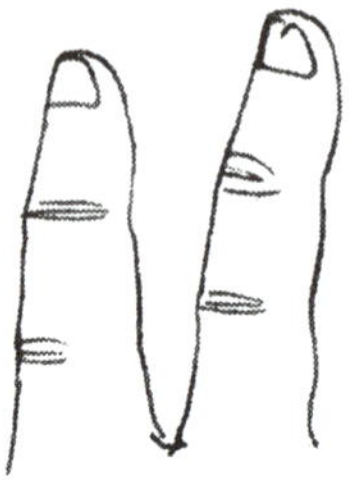

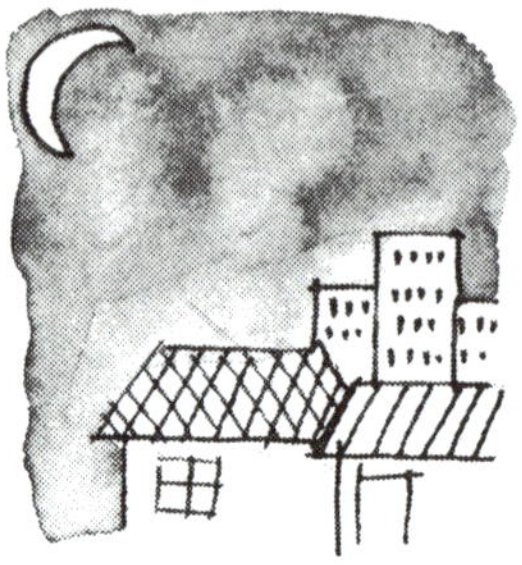

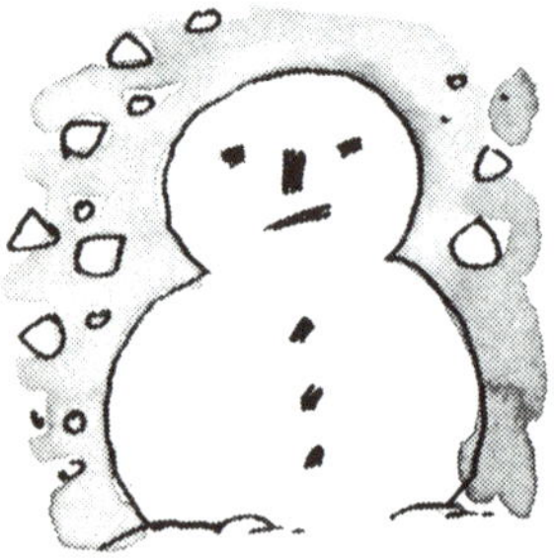

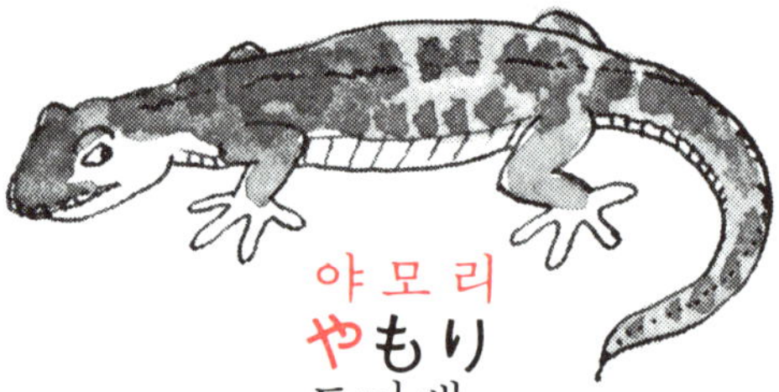

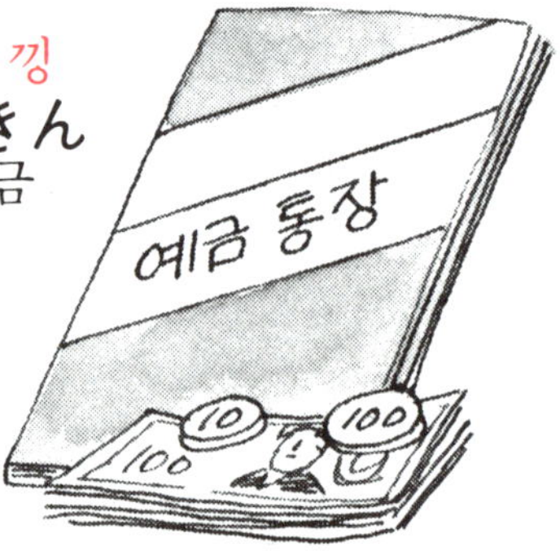

| ① ら 라 | ① り 리 | ① る 루 | ① ② れ 레 | ① ろ 로 |

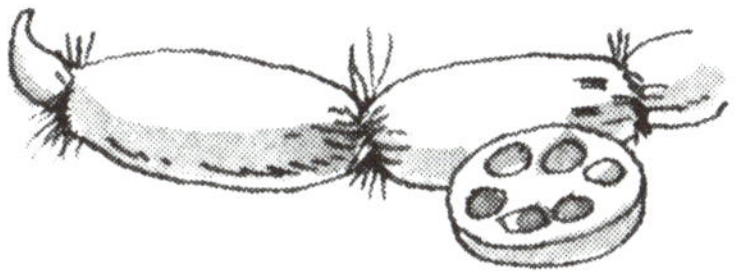

롱오징
ろうじん
노인

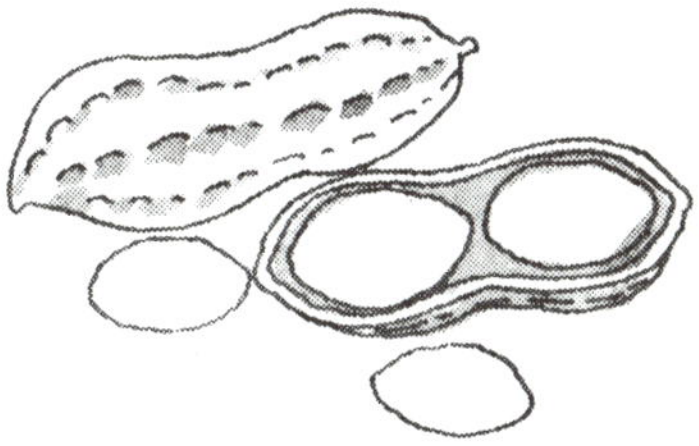

りんご
링고
사과

さ**る**
사루
원숭이

らっぱ
랏빠
나팔

れんこん
렝・꽁
연근

らっかせい
랏 까세이
땅콩

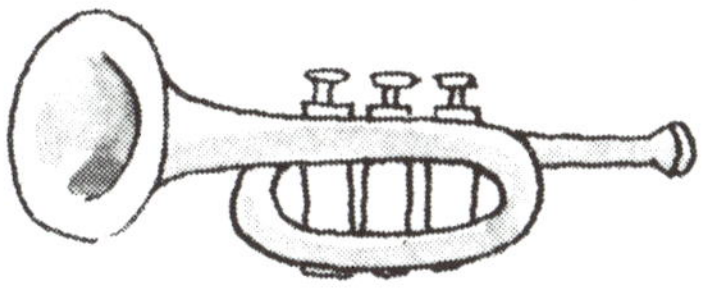

ろば
로 바
당나귀

ら	ら						
り	り						
る	る						
れ	れ						
ろ	ろ						

 わ 와  を 오 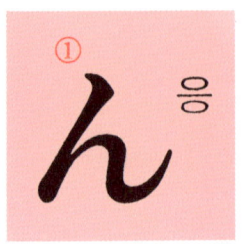 ん 응

 せんす
센스
쥘부채

와시
わし
독수리

스이렌
すいれ**ん**
연꽃

보 당
ぽた**ん**
단추

가 방
かば**ん**
가방

미즈오노무
みず**を**のむ
물을 마시다

고 항 오다베루
こはん**を**たべる
밥을 먹다

후꾸오기루
ふく**を**きる
옷을 입다

わ								
を								
ん								

サ sa	싼 다루 **サ**ンダル (Sandal) 샌들	サ
シ si	샤 와 **シ**ャワー (Shower) 샤워	シ
ス su	스 끼 **ス**キー (Ski) 스키	ス
セ se	세 타 **セ**ーター (Sweater) 스웨터	セ
ソ so	소 파 **ソ**ファー (Sofa) 소파	ソ
タ ta	타 오 루 **タ**オル (Towel) 타올	タ
チ Chi	치 즈 **チ**ーズ (Cheese) 치이즈	チ
ツ tsu	쓰 피 스 **ツ**ーピース (Two-piece) 투피스	ツ
テ te	테 레 비 **テ**レビ (Television) 텔레비젼	テ
ト to	도 마 토 **ト**マト (Tomato) 토마토	ト

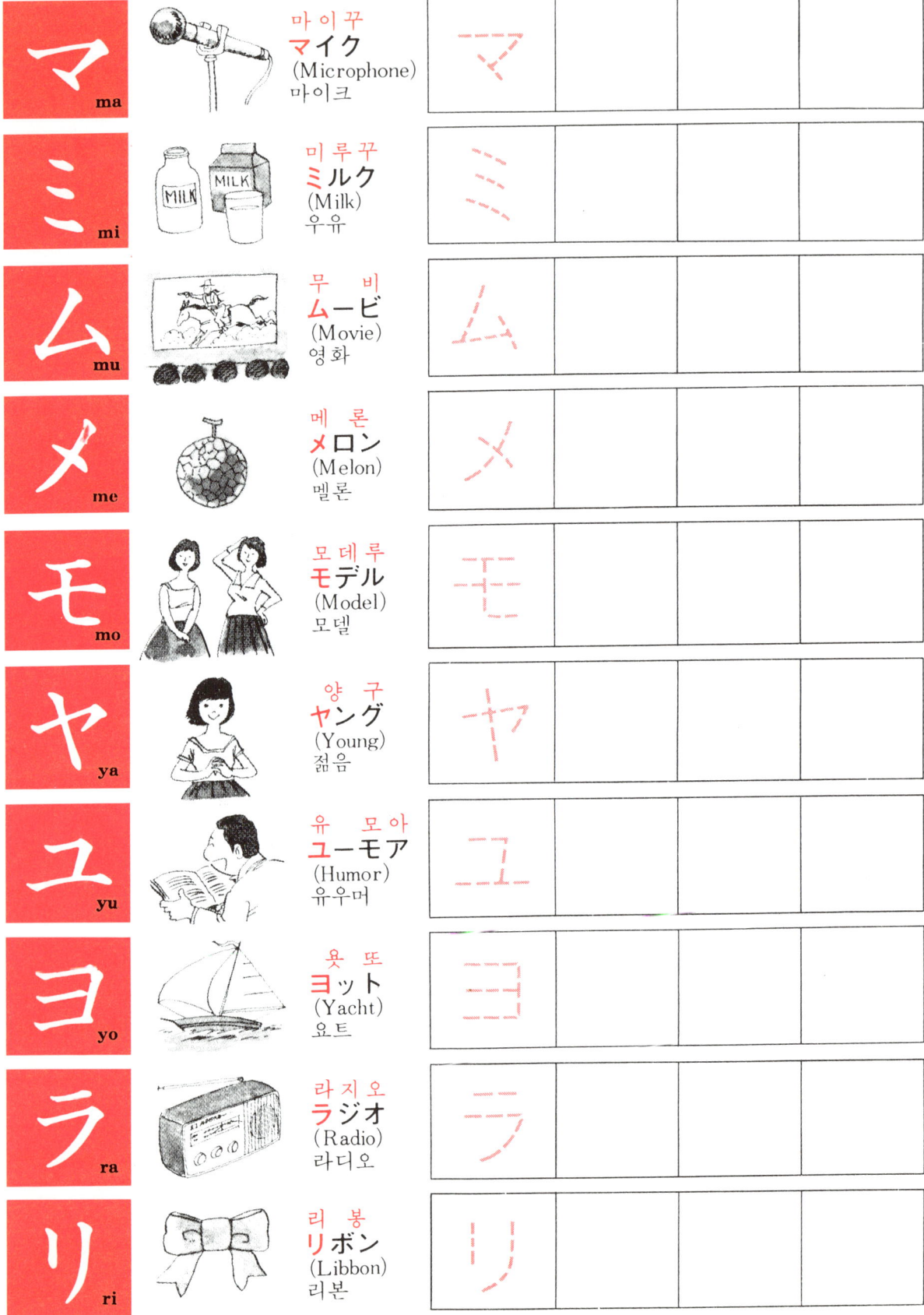

ル ru	ルビー (Ruby) 루비
レ re	レモン (Lemon) 레몬
ロ ro	ロケット (Rocket) 로케트
ワ wa	ワイン (Wine) 와인
ヲ o	
ン n	インク (Ink) 잉크

● **탁음과 반탁음 익히기**

일어에서는 탁음(だくおん)의 존재가 대단하므로 유의하기 바란다.
반탁음(はんだくおん)의 발음은 우리말의 「빠・삐・뿌・뻬・뽀」와 비슷하며 외래어나 물체의 소리 등에 쓰인다.

が ga					ガ ga		
ぎ gi					ギ gi		
ぐ gu					グ gu		

18

げ ge					ゲ ge		
こ go					ゴ go		
ざ za					ザ za		
じ zi					ジ zi		
ず zu					ズ zu		
ぜ ze					ゼ ze		
ぞ zo					ゾ zo		
だ da					ダ da		
ぢ zi					ヂ zi		
づ zu					ヅ zu		

ぺ Pe ペ Pe
ぽ Po ポ Po

● 요음 익히기
요음이란 두 음이 합쳐서 한 소리가 나는 것으로 즉 「き, し, ち, に, ひ, み, り」에 소문자로 「ゃ, ゅ, ょ」가 붙어서 「갸, 규, 교…」처럼 발음된다.

kya きゃ				キャ		
kyu きゅ				キュ		
kyo きょ				キョ		
sya しゃ				シャ		
syu しゅ				シュ		
syo しょ				ショ		
cha ちゃ				チャ		

ちゅ chu				**チュ**			
ちょ cho				**チョ**			
にゃ nya				**ニャ**			
にゅ nyu				**ニュ**			
にょ nyo				**ニョ**			
ひゃ hya				**ヒャ**			
ひゅ hyu				**ヒュ**			
ひょ hyo				**ヒョ**			
みゃ mya				**ミャ**			
みゅ myu				**ミュ**			

22

みょ myo					ミョ		
りゃ rya					リャ		
りゅ ryu					リュ		
りょ ryo					リョ		

● 반대말 익히기

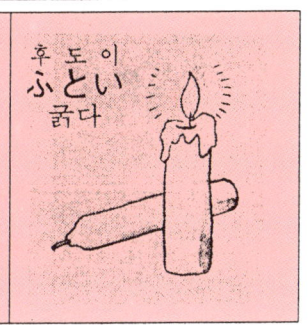

● 간단한 문장 쓰기

「あ」에서 「ん」까지 낱말위주의 문장을 따라 써 봄으로써 ひらがな를 완전히 익혀 보자.

아리 상   아시 니   아까이   구 쓰
ありさん **あ**しに **あ**かい くつ
　개미의　　발에　　빨간　　구두

ありさんあしにあかいくつ

이지와루   이야나고   이지멧꼬
いじわる **い**やなこ **い**じめっこ
　짖궂은　　개구장이　　장난꾸러기

いじわるいやなこいじめっこ

우시   우마   우사기   운 도오까이
うし, **う**ま, **う**さき, **う**んどうかい
　소,　　말,　　또끼,　　운동회

うし, うま, うさぎ, うんどうかい

엠삐쓰   에노구데   에오   가이따
えんぴつ **え**のぐで **え**を かいた
　연필　　그림물감으로　그림　그렸다

えんぴつえのぐでえをかいた

오오끼나 오나까노 오도오상
おお**き**な **お**なかの **お**とうさん
불쑥 배가 나온 아버지

おおきなおなかのおとうさん

가와이이 가라스 가아가아 나이따
かわいい **か**らす **か**あ**か**あ ないた
귀여운 까마귀 까악까악 울었다

かわいい からすかあかあないた

기이로이 기깐샤 기레이니 눗따
きいろい **き**かんしゃ **き**れいに ぬった
노란 기관차 깨끗하게 칠했다

きいろいきかんしゃきれいにぬった

구로이 구마상 구루구루 마와루
くろい **く**まさん **く**る**く**る まわる
까만 곰돌이 빙글빙글 돈다

くろいくまさんくるくるまわる

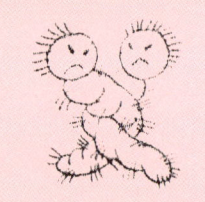

게무시노 겐까다 게가 스루나
けむしの **け**んかだ **け**が するな
송충이의 싸움이다 상처입지마라

けむしのけんかだけがするな

고가네무시 곳소리 미쓰께 닛꼬니꼬
こがねむし **こ**っそり みつけ にっ**こ**に**こ**
풍뎅이 살짝 찾아내고 싱글벙글

こがねむしこっそりみつけにっこにこ

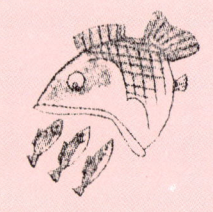

상마 상비끼 사까나가 다베따
さんま **さ**んびき **さ**かなが たべた
꽁치 세마리 물고기가 먹었다

さんまさんびきさかながたべた

^{싯 뽀　후리후리　　시마우마　　하시루}
しっぽ ふりふり しまうま はしる
　꼬리(를)　　흔들며　　　얼룩말(이)　　달리네

しっぽふりふりしまうまはしる

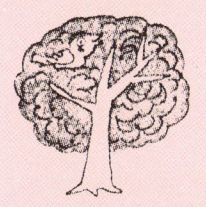

^{스꾸스꾸　기노　우에　스즈메노　스}
すくすく きの うえ すずめの す
　쭉 뻗은　　나무　위(에)　참새의　둥지

すくすくきのうえすずめのす

^{센베이　센마이　셋세또　다베루}
せんべい せんまい せっせと たべる
　셈베　　천개　　척척　　　먹는다

せんべいせんまいせっせとたべる

^{소렛또　소라　도부　손 고꾸우}
それっと そら とぶ そんごくう
　얏 하고　하늘　나는　손오공

それっとそらとぶそんごくう

^{다꼬　다꼬　다까이　구마요리　다까이}
たこ たこ たかい くまより たかい
　연　　연　　높구나　구름보다　높구나

たこたこたかいくまよりたかい

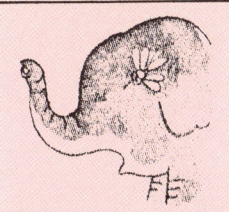

^{지이사나　하찌가　지꾸리또　사시따}
ちいさな はちが ちくりと さした
　조그만　　벌이　　따끔　　　쏘았다

ちいさなはちがちくりとさした

^{쓰미끼　쓴다리　쓰나게따리}
つみき つんだり つなげたり
나무조각(을)　쌓기도 하고　묶기도 하고

つみきつんだりつなげたり

뎅 뎅　데마리　데데 쓰꾸 데마리
てんてん てまり てで つく てまり
동 동　공치기　손으로 치는 공치기

てんてんてまりてでつくてまり

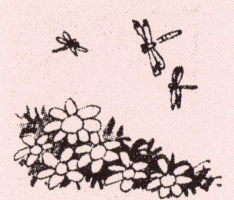

돈 보　돈 데루　도오이　소라
とんぼ とんでる とおい そら
잠자리　날고 있다　먼　하늘(에)

とんぼとんでるとおいそら

나까요시　나 란 데　나와도비　아소비
なかよし ならんで なわとび あそび
친구들　모여들어　줄넘기　놀이

なかよしならんでなわとびあそび

니이 상　니꼬니꼬　닌 징　다이스끼
にいさん にこにこ にんじん だいすき
(우리) 형　싱글벙글　당근　좋아해

にいさんにこにこにんじんだいすき

누리에노　이누오　누리마시따
ぬりえの いぬを ぬりました
그림책의　강아지를　색칠하였다

ぬりえのいぬをぬりました

네데이다　네꼬가　네즈미오　네라우
ねていた ねこが ねずみを ねらう
자고 있던　고양이가　쥐를　노린다

ねていたねこがねずみをねらう

노하라노　노바라　논 비리　사이따
のはらの のばら のんびり さいた
들판의　찔레꽃　한가로이　피었네

のはらののばらのんびりさいた

하부라시 하미가끼 하오 미가꾸
はぶらし **は**みがき **は**を みがく
칫솔　　　치약　　　이를　닦는다

はぶらしはみがきはをみがく

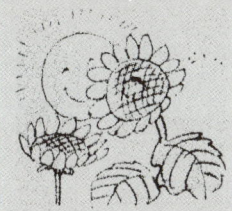

히나따노 히마와리 히가 잇빠이
ひなたの **ひ**まわり **ひ**が いっぱい
양지쪽의　해바라기　　햇빛을 담뿍

ひなたのひまわりひがいっぱい

후다리데 후꼬오 후에 랏빠
ふたりで **ふ**こう **ふ**え らっぱ
둘이서　　불자　　피리　나팔

ふたりでふこうふえらっぱ

헤노헤노 몬지 헨나 가오
への**へ**の もんじ **へ**んな かお
　　　　　　　　　　이상한　얼굴

へのへのもんじへんなかお

호라호라 호시가 히깟데루
ほら**ほ**ら **ほ**しが ひかってる
반짝 반짝　별이　　빛나고 있네

ほらほらほしがひかってる

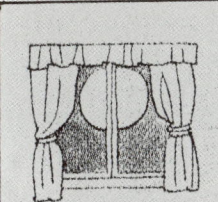

마도까라 미에루 마루이 쓰끼
まどから **み**える **ま**るい つき
창문에서　　보이는　둥그런　달

まどからみえるまるいつき

미깡오 밋쓰 민나데 다베루
みかんを **み**っつ **み**んなで たべる
귤을　　세개　　여럿이　먹는다

みかんをみっつみんなでたべる

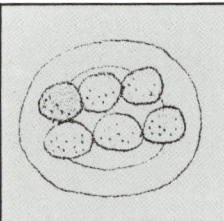

오무스비 뭇쓰 무리시데 다베따
おむ**す**び **む**っつ **む**りして たべた
주먹밥　여섯개　무리하게　먹었다

おむすびむっつむりしてたべた

메자마시 도께이데 메가 사메다
めざまし どけいで **め**が さ**め**た
사발　　시계로　잠이　깨었다

めざましどけいでめがさめた

모꾸모꾸 구모가 모리노 우에
もく**も**く く**も**か **も**りの うえ
뭉게뭉게　구름이　수풀　위에

もくもくくもかもりのうえ

야사시이 야기상 야사이가 다이스끼
やさしい **や**ぎさん **や**さいが たいすき
온순한　염소(는)　야채가　제일 좋아

やさしいやぎさんやさいがたいすき

유까이나 유메 미데 윳꾸리 네무루
ゆかいな **ゆ**め みて **ゆ**っくり ねむる
즐거운　꿈 꾸며　천천히　잠들다

ゆかいなゆめみてゆっくりねむる

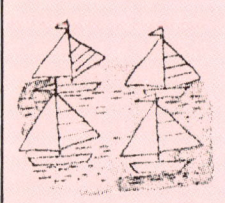

욧또가 욘소오 요오이 동
よっとが **よ**んそう **よ**うい どん
요트가　네 척　자　출발!

よっとがよんそうよういどん

란란 라꾸라꾸 란도세루
らん**ら**ん **ら**く**ら**く **ら**んどせる
랄라 랄라　즐거운　소풍 가방

らんらんらくらくらんどせる

^{링 링}りんりん ^{리즈무데}りずむで ^{륫꾸가}りゅっくが ^{가루이}かるい
씩씩한　　　발걸음에　　　가방이　　　가볍다

りんりんりずむでりゅっくがかるい

^{구 루 구 루}くるくる ^{마 와 루}まわる ^{마루이}まるい ^{고마}こま
빙글 빙글　도는　　동그란　팽이

くるくるまわるまるいこま

^{렌 즈 데}れんずで ^{렌 게 오}れんげを ^{미루}みる ^{렌 슈 우}れんしゅう
렌즈로　　연꽃을　　관찰하는　연습

れんずでれんげをみるれんしゅう

^{로바가}ろばが ^{로꾸도오}ろくとう ^{롯꾸오}ろっくを ^{오도루}おどる
당나귀가　여섯 마리　록큰롤을　춤춘다

ろばがろくとうろっくをおどる

^{왕 왕}わんわん ^{호에루}ほえる ^{와다시노}わたしの ^{완 쨩}わんちゃん
멍 멍　짖어대는　　나의　　멍멍이

わんわんほえるわたしのわんちゃん

^{하오}はを ^{미가기}みがき ^{가오오}かおを ^{메랏떼}あらって ^{데오}てを ^{아라우}あらう
이를　닦고　　얼굴을　씻고　　손을　씻는다

はをみがきかおをあらっててをあらう

^{민 나데}みんなで ^{산 닝}さんにん ^{당껭곳꼬}たんけんごっこ
(우리) 모두　　셋이서　　탐험놀이 (하자)

みんなでさんにんたんけんごっこ

1. おはようございます。
안녕하십니까?

A : あっ、田中さん。
   아, 다나까씨.

B : あ、李さん、おはようございます。
   아, 미쓰리, 안녕하십니까?

A : おはようございます。かいしゃですか。
   안녕하세요? 회사에 가십니까?

B : ええ、そうです。ところで李さんは。
   네, 그래요. 그런데 미쓰리는?

A : わたしはとしょかんです。
   저는 도서관에 갑니다.

おはよう。

- **おはようございます** : 안녕하십니까? (아침인사)
  동료나 손아래 사람에게는 「おはよう」만 쓴다.
- **かいしゃ(会社)** : 회사
- **ええ** : 예(질문에 대한 긍정적인 대답)
- **わたし** : 나, 저
- **としょかん** : 도서관

2. こんにちは。
안녕하세요?

A : こんにちは。
　　안녕하세요?

B : あっ、こんにちは。
　　아, 안녕하세요?

A : みんなさんおかわりありませんか。
　　모두들 별 일 없으신지요?

B : ええ、おかげさまで。
　　네, 덕택에.

　　どこかにおでかけですか。
　　어디 가시는 길입니까?

A : ええ、デパートにいくところです。
　　예, 백화점에 가는 길입니다.

- こんにちは : 안녕하세요? (점심 인사)
- みんな : 모두, 전부 「みんなさん」: 모두들
- おかげさまで : 덕택에
- どこかに : 어디에
- デパート : 백화점 (Department store)

3. こんばんは。
안녕하세요?

A: おくさん, こんばんは。
   아주머니, 안녕하세요?

B: あっ, こばやしさん, こんばんは。
   아, 고바야시씨, 안녕하세요?

   おでかけですか。
   어디 가시나요?

A: ええ, ともだちから招待をされたんです。
   예, 친구집에 초대를 받았어요.

B: そうですか。それじゃ, いってらっしゃい。
   그렇습니까? 그럼 다녀 오십시오.

A: いってきます。
   다녀오겠습니다.

- こんばんは : 안녕하세요? (저녁 인사)
- おくさん : 아주머니
- ともだち : 친구
- およばれ : 초대받음
- それじゃ : 그럼
- さようなら : 헤어질 때의 인사
- いってらっしゃい : 다녀오십시오.
- いってきます : 다녀오겠습니다.

4. ただいま。
다녀왔습니다.

A : いってまいります。
다녀오겠습니다.

B : いってらっしゃい、はやく帰ってきなさい。
그래, 일찍 오너라.

A : ただいま。
다녀왔습니다.

C : おかえり。
지금 오니?

A : あら、おにいさん、はやいわね。
어머, 오빠 일찍 왔네.

C : うん、おまえもはやいなあ。
응, 너도 일찍 왔구나.

A : いつもこのじかんよ。
언제나 이 시간인걸.

いってまいります : 외출하는 사람이 집을 나서며 하는 인사말.
はやい : 일찍, 빠른
ただいま : 외출했다가 귀가하는 사람이 집안에 들어서면서 하는 인사말.
おかえり : 「おかえりなさい」를 줄인 말로 밖에서 돌아오는 사람을 맞이하는 인사말. 「おかえり」는 주로 손아래 사람에게 쓸 수 있다.

あら : 어머
うん : 응
かえ(帰)り : 돌아옴
おにいさん : 오빠
いつも : 언제나
この : 이
じかん : 시간

5. おかわりありませんか。
별일 없으셨습니까?

A : 李さん, おひさしぶりです。
　　미스터 리, 오래간만입니다.

B : やあ, たかはしさん, おひさしぶりです。
　　야, 다까하시씨 오래간만입니다.

　　おかわりありませんか。
　　별일 없으셨습니까?

A : はい, おかげさまで。
　　네, 덕분에.

　　おとうさんとおかあさんはおげんきですか。
　　아버님과 어머님께서는 건강하십니까?

B : ええ, おかげさまで。
　　네, 덕분에.

　　げんきです。
　　건강합니다.

やあ : 야 (놀랐을 때, 또는 남을 부를 때 내는 소리)
はい : 네 (긍정적인 대답)
おとうさん : 아버지
おかあさん : 어머니
げんき : 건강

- おひさしぶりです : 오래간만입니다.
  「ひさしぶり」는 「한참만」이란 뜻이다. 「お」는 여러가지 말의 앞에 붙어서 존경의 뜻, 공손한 기분을 나타내며, 또 말을 美化해 주는 接頭語이다.
- おげんきですか : 안녕하십니까?
  「げんきですか」의 공손한 말. 때와 관계없이 사람을 만났을 때(별일 없으세요) (안녕하세요) 란 뜻으로 가볍게 쓸 수 있는 말이다.
- おかげさまで : 덕택으로, 덕분에
  「おかげさまで元気です(덕택으로 별일없이 잘 지냅니다)」란 말을 간단히 줄인 것으로 慣習的으로 많이 쓰이는 말이다.
- はい, ええ : 네
  「はい」와 「ええ」는 우리말의 「네」와 마찬가지로 質問에 대한 긍정적인 답으로 또 呼名에 대한 答으로 쓰이며 「はい」가 「ええ」보다 다소 정중하다.

◆ 가 족

뜻 (의미)	높임말 (존경어)	낮춤말 (겸양어)
아 버 지	おとうさん 〈오도오상〉	ちち 〈지찌〉
어 머 니	おかあさん 〈오까아상〉	はは 〈하하〉
양 친	ごりょうしん 〈고료오싱〉	りょうしん 〈료오싱〉
남 편	ごしゅじん 〈고슈징〉	しゅじん 〈슈징〉, おっと 〈옷또〉
아내 (부인)	おくさん 〈오꾸상〉	かない 〈가나이〉, つま 〈쓰마〉
형 (오빠)	おにいさん 〈오니이상〉	あに 〈아니〉
누이 (언니)	おねえさん 〈오네에상〉	あね 〈아네〉
동 생	おとうとさん 〈오도오또상〉	おとうと 〈오도오또〉
할 아 버 지	おじいさん 〈오지이상〉	そふ 〈소후〉
할 머 니	おばあさん 〈오바아상〉	そぼ 〈소보〉

6. はじめまして。
_{하지메마시떼}
처음 뵙겠습니다.

A : こんにちは。
_{곤니찌와}
안녕하십니까?

B : こんにちは。しつれいですが,
_{곤니찌와　시쓰레이데스가}
안녕하십니까?　실례지만,

おなまえはなんとおっしゃいますか。
_{오나마에와 난또 옷 샤이마스까}
성함이 어떻게 되십니까?

A : 李志勲ともうします。
_{이지훈또모오시마스}
이지훈이라고 합니다.

B : はじめまして。わたしは山本です。
_{하지메마시떼　와다시와야마모또데스}
처음 뵙겠습니다.　저는 야마모또라고 합니다.

どうぞよろしく。
_{도오조요로시꾸}
잘 부탁합니다.

A : あっ, 山本さんですか。
_{앗　야마모또상 데스까}
아, 야마모또씨 이십니까?

おあいできて, うれしいです。
_{오아이데끼데　우레시이데스}
만나뵙게 되어서 반갑습니다.

はじめまして : 처음 뵙겠습니다.
しつれい : 실례 「しつれいですが」: 실례지만
なまえ : 이름 「おなまえ」: 성함
～と : ～라고
どうぞ : 부디, 어서
どうぞよろしく : 잘 부탁드립니다.
うれしい : 기쁘다.

はじめまして (처음 뵙겠습니다-)
「はじめてお目にかかります」를 줄인 말.

- どうぞよろしく : 잘 부탁합니다.
「どうぞ」는 남에게 어떤 행위를 승인하거나, 권하거나 부탁할 때에 쓰이는 便利한 말이다. 더 정중한 표현으로 뒤에 「**おねがいします**」를 붙이면 (잘 좀 부탁드립니다)의 뜻이 된다.

- ～ともうします (～라고 합니다)
「もうします」는 「いいます」의 겸양어.

◆ 쓰기

おはようございます。
おはようございます。
こんにちは。
こんにちは。
こんばんは。
こんばんは。
ただいま。
ただいま。
おかわりありませんか。
おかわりありませんか。
はじめまして。
はじめまして。

7. おめでとうございます。
축하합니다.

A: 金さん、ごそつぎょうおめでとうございます。
미스터 김, 졸업 축하 합니다.

B: ありがとうございます。
감사합니다.

A: どんな気分ですか。
기분이 어떠세요?

B: そうですね。
글쎄요.

A: ところで,そつぎょうごはどうしますか。
그런데, 졸업 후에는 무엇을 하시겠습니까?

B: しゅうしょくしようと思っています。
취직을 할 생각입니다.

A: そうですか。りっぱな社会人になって下さいね。
그래요? 훌륭한 사회인이 되어 주십시오.

おめでとう(ございます) : 축하합니다.
(축하합니다)라는 인사말로「おめでとう(ございます)」라고 한다. 친한 사이에서는「おめでとう」라고만 하기도 한다.

そつぎょう(卒業) : 졸업
どんな : 어떤
きぶん : 기분
そつぎょうご : 졸업 후
しゅうしょく(就職) : 취직

おもい : 생각
りっぱな : 훌륭한
しゃかいじん(社会人) : 사회인
おねがいします : 바랍니다.
そうですか : 그러십니까?

◆ 단어 익히기

たつ〈다쓰〉 서다
あるく〈아루꾸〉 걷다
はしる〈하시루〉 달리다
とび〈도비〉 뛰어오르다
なげる〈나게루〉 던지다
こしかける〈고시가께루〉 걸터앉다
しゃがむ〈샤가무〉 쭈그리다

おうがする〈오오가스루〉 모로눕다
てをあげる〈데오아게루〉 손을 들다
にぎる〈니기루〉 쥐다
あしをくむ〈아시오꾸무〉 다리를 꼬다
ける〈게루〉 차다
つく〈쓰꾸〉 찌르다
なぐる〈나구루〉 때리다

あたま〈아다마〉 머리
くび〈구비〉 목
かた〈가다〉 어깨
むね〈무네〉 가슴
うで〈우데〉 팔
はら〈하라〉 배
こし〈고시〉 허리
て〈데〉 손

ゆび〈유비〉 손가락
あし〈아시〉 다리
ひざ〈히자〉 무릎
あし〈아시〉 발
あしのうら〈아시노우라〉 발바닥
あしのゆび〈아시노유비〉 발가락
ひじ〈히지〉 팔꿈치
へそ〈헤소〉 배꼽

かみのけ〈가미노께〉 머리카락
ひたい〈히따이〉 이마
まゆげ〈마유게〉 눈썹
まつげ〈마쓰게〉 속눈썹
め〈메〉 눈
ひとみ〈히또미〉 눈동자
みみ〈미미〉 귀
ほお〈호오〉 볼

はな〈하나〉 코
はなのあな〈하나노아나〉 콧구멍
くちひげ〈구찌히게〉 콧수염
くち〈구찌〉 입
くちびる〈구찌비루〉 입술
は〈하〉 이
あご〈아고〉 턱
あごひげ〈아고히게〉 턱수염

8. いらっしゃいませ。
어서 오십시오.

A : いらっしゃいませ。
어서 오십시오.

B : ご招待くださってありがとうございます。
초대해 주셔서 감사합니다.

A : どうぞ, おあがりください。
어서 올라오십시오.

かんこくにきてからどのくらいになりますか。
한국에 오신지는 얼마나 되셨는지요?

B : 6かげつぐらいになります。
6개월쯤 되었습니다.

A : では, かんこくのりょうりにはなれましたか。
그럼 한국 요리엔 익숙해지셨습니까?

B : ええ, だいぶなれました。
예, 꽤 익숙해졌어요.

A : そうですか。それはよかったですね。
그렇습니까? 그것 참 다행이군요.

いらっしゃいませ：어서 오십시오. 　　まえ(前)：전
しょうたい(招待)：초대 　　　　　きました：왔습니다.
おあがりください：올라 오십시오. 　では：그럼
かんこく(韓国)：한국 　　　　　　りょうり(料理)：요리
いくら：얼마 　　　　　　　　　　なれる：익숙해지다.
6かげつ：6개월
だいぶ：사물의 정도가 상당히 진전된 모습을 나타내는 副詞로 「꽤」, 「퍽」, 「상당히」 등의 뜻이다.
よかった：다행이다.

◆ 수 익히기

	숫 자	개 월	물 건	사 람	나 이
1	이찌 いち	잇 까게쯔 いっかげつ	히도쯔 ひとつ	히도리 ひとり	잇 사이 いっさい
2	니 に	니 까게쯔 にかげつ	후다쯔 ふたつ	후다리 ふたり	니 사이 にさい
3	상 さん	상 까게쯔 さんかげつ	밋쯔 みっつ	산 닝 さんにん	산 사이 さんさい
4	시 용 し(よん)	용 까게쯔 よんかげつ	욧쯔 よっつ	요 닝 よにん	욘 사이 よんさい
5	고 ご	고 까게쯔 ごかげつ	이쯔쯔 いつつ	고 닝 こにん	고 사이 ごさい
6	로꾸 ろく	롯 까게쯔 ろっかげつ	뭇쯔 むっつ	로꾸 닝 ろくにん	로꾸사이 ろくさい
7	시찌 나나 しち(なな)	나나 까게쯔 ななかげつ	나나쯔 ななつ	나나 닝 なна닝 (しちにん)	나나사이 ななさい
8	하찌 はち	핫 까게쯔 はっかげつ	얏쯔 やっつ	하찌 닝 はちにん	핫 사이 はっさい
9	구 큐우 く(きゅう)	큐우까게쯔 きゅうかげつ	고고노쯔 ここのつ	큐우 닝 きゅうにん	큐 사이 きゅさい
10	쥬우 じゅう	쥿 까게쯔 じゅかげつ	도오 とお	쥬우 닝 じゅうにん	줏 사이 じゅっさい
11	쥬우이찌 じゅういち	쥬우잇 까게쯔 じゅういっかげつ			
12	쥬우니 じゅうに	쥬우니까게쯔 じゅうにかげつ			
20	니쥬우 にじゅう	니쥬우까게쯔 にじゅうかげつ			
100	햐꾸 ひゃく				

9. もしもし
여보세요.

A : もしもし、みずのさんのおたくですか。
여보세요, 미즈노씨 댁입니까?

みずのさんいらっしゃいますか。
미즈노씨 계십니까?

B : はい、そうですが、いまおりません。
네, 그렇습니다만 지금 안 계시는데요.

A : なんじごろおかえりになるでしょうか。
몇 시경에 돌아오실까요?

B : ろくじごろにはかえってくるとおもいます。
6시경에는 돌아오실것 같아요.

A : じゃ、もういちどおでんわさしあげます。
그럼, 다시 전화 드리겠습니다.

B : はい、わかりました。
네, 알겠습니다.

そうおつたえします。
그렇게 전하겠습니다.

もしもし : 여보세요.
おたく(宅) : 댁
いま : 지금
おりません : 안 계시는데요.
じ(時) : 시
ごろ(頃) : 경, 쯤

おかえりる : 돌아오다.
ろくじ : 6시
もういちど : 다시 한번
でんわ : 전화
わかりました : 알겠습니다.
おもいます : 생각됩니다.

10. もしもし、こうかんしゅさん。
여보세요, 교환양.

A: こくさいでんわをかけたいんですが。
국제 전화를 걸고 싶은데요.

B: どちらにおかけになりますか。
어디로 거시렵니까?

A: 韓国のソウルです。
한국의 서울입니다.

B: もしもし、こちらは東京ですが、
여보세요, 여기는 동경입니다만,

金哲洙さんいらっしゃいますか。
김철수씨 계십니까?

C: はい、金です。
네, 김입니다.

B: 東京の青木さんからおでんわです。
동경의 아오끼씨로부터 전화입니다.

こうかんしゅさん : 교환양
こくさいでんわ : 국제 전화
たのみます : 부탁합니다.
どちら : 어디
ソウル : 서울
こちら : 여기

11. いいてんきですね。
좋은 날씨군요.

A : きもちがいいひですね。
기분 좋은 날이군요.

B : ええ, そらがあおくてきれいですね。
네, 하늘이 푸르고 맑은데요.

A : ところで, どちらへ。
그런데, 어디에?

B : ええ, ちょっとそこまでさんぽに
예, 잠깐 저기까지 산책하러

いくところです。
가는 길 입니다.

A : あさのさんぽはいいですね。
아침 산책은 좋지요.

B : あすもいいてんきになるとおもいますか。
내일도 좋은 날씨가 될 것 같습니까?

A : いいえ, あすはあめがふるそうですよ。
아니요, 내일은 비가 올 것 같아요.

いい : 좋은
てんき : 날씨
きもち : 기분
ひ(日) : 날
そら : 하늘
あおい : 푸르다.
きれい : 맑다. 깨끗하다.

ところで : 그런데
ちょっと : 잠깐
まで : ~까지
さんぽ : 산책
あさ : 아침
あす : 내일
あめ : 비

◆ 요일

니찌요오비 にちようび 일요일	게쓰요오비 げつようび 월요일	가요오비 かようび 화요일	스이요오비 すいようび 수요일	모꾸요오비 もくようび 목요일
깅요오비 きんようび 금요일	도요오비 どようび 토요일	큐우지쯔 きゅうじつ 휴일	난요오비 なんようび 무슨 요일	마이니찌 まいにち 매일

오도또이 おととい 그저께	기노오 ←きのう 어제	쿄오 ← きょう 오늘	아시다 →あした 내일	아삿떼 → あさって 모레
센센게쯔 せんせんげつ 지지난달	센게쯔 ←せんげつ 지난달	공게쯔 ← こんげつ 이달	라이게쯔 →らいげつ 내달	사라이게쯔 → さらいげつ 내훗달
오도또시 おととし 재작년	쿄넨 ←きょねん 작년	고또시 ← ことし 금년	라이넨 →らいねん 내년	사라이넨 → さらいねん 내후년
센센슈우 せんせんしゅう 지지난주	센슈우 ←せんしゅう 지난주	곤슈우 ← こんしゅう 금주	라이슈우 →らいしゅう 내주	사라이슈우 → さらいしゅう 내내주

◆ 4계절

하루 はる 봄	나쓰 なつ 여름	아끼 あき 가을	후유 ふゆ 겨울
가즈미 かすみ 아지랭이	바이우 ばいう 장마	소요가제 そよかぜ 산들바람	유끼 ゆき 눈
기리사메 きりさめ 이슬비	니와까아메 にわかあめ 소나기	고사메 こさめ 가랑비	고오리 こおり 얼음
이찌고 いちご 딸기	니지 にじ 무지개	가끼 かき 감	시모 しも 서리
츄릿뿌 チューリップ 튜울립	히마와리 ひまわり 해바라기	나시 なし 배	미깡 みかん 귤
렌교오 れんぎょう 개나리	바라 ばら 장미	링고 りんご 사과	간쯔바끼 かんつばき 동백꽃
하꾸모꾸넨 はくもくねん 목련	스이까 すいか 수박	구리 くり 밤	쯔라라 つらら 고드름
쯔쯔지 つつじ 철쭉	마꾸와우리 まくわうり 참외	고스모스 コスモス 코스모스	유끼다루마 ゆきたるま 눈사람
사꾸라 さくら 벚꽃	부도오 ぶどう 포도	무꾸게 むくげ 무궁화	구리스마스 クリスマス 크리스마스
모모 もも 복숭아	빠이낫뿌루 パイナップル 파인애플	기꾸 ぎく 국화	
단뽀뽀 たんぽぽ 민들레	바나나 バナナ 바나나	사루비아 サルビア 사루비아	
		이쬬오 いちょう 은행	
		모미지 もみじ 단풍	

12. すみません。
실례합니다.

A : すみません。ここはチャムシルですか。
실례합니다. 여기가 잠실입니까?

B : はい，そうです。
네, 그렇습니다.

A : では，ここからチャムシルの体育舘まで
그럼 여기서 잠실 체육관까지

どういったらいいんですか。
어떻게 가야 합니까?

B : まっすぐいってください。
똑바로 가세요.

A : とのくらいかかりますか。
시간이 얼마쯤 걸립니까?

B : そうですね。あるいて5ふんくらいですね。
글쎄요. 걸어서 5분 정도 이겠지요.

A : どうもありがとうございました。
정말 고맙습니다.

すみません : 미안합니다. 실례합니다.
「すみません」은 사과의 뜻 외에 고맙다는 謝礼의 뜻과
남에게 말을 걸 때 등, 널리 쓰인다.

まっすぐ : 똑바로　　　　あるいて : 걸어서
いく : 가다　　　　　　　5ふん : 5분
くらい : 쯤, 정도　　　　とうも : 정말, 매우, 대단히

13. タクシー，
다꾸시
택시!

A : タクシー，
　　다꾸시
　　택시!

B : どちらまでですか。
　　도찌라마데데스까
　　어디까지 가시죠?

A : ソウルえきまでねがいします。
　　소우루에끼마데네가이시마스
　　서울역까지 부탁합니다.

B : どうぞ。
　　도오조
　　어서 타십시오.

A : ちょっと急いでください。
　　좃 또 이소이데구다사이
　　좀 서둘러 주세요

B : さあ，つきました。
　　사아 쓰끼마시다
　　자, 다 왔습니다.

A : ありがとう。おつりはいいです。
　　아리가또오　　오쓰리와이이데스
　　수고했어요.　　거스름은 가지세요.

タクシー : 택시　　　　　　　　いそぐ : 서두르다.
ソウルえき(駅) : 서울역　　　つきました : 도착했습니다.
ありがとう : 고맙습니다.　　おつり : 거스름

14. このバスはチョンノゆきですか。
이 버스가 종로로 갑니까?

A: このバスはチョンノゆきですか。
　　이 버스가 종로로 갑니까?

B: いいえ, ちがいます。
　　아네요, 틀립니다.

A: これはチョンノにいきますか。
　　이것은 종로에 갑니까?

C: ええ, いきます。どうぞ。
　　예, 갑니다. 어서 타십시오.

A: すみません。ここはチョンノですか。
　　실례합니다. 여기가 종로입니까?

C: いいえ, チョンノはつぎのバス停です。
　　아니예요. 종로는 다음 정거장입니다.

A: どうもありがとうございました。
　　정말 고맙습니다.

この : 이
バス : 버스 (bus)
チョンノ : 종로
ゆきですか : ~행 입니까?
ちがいます : 틀립니다.
いきますか : 갑니까?

15. でんしゃでいけばすぐです。
전철로 가면 금방이에요.

A : スウォンまでいきたいんですが。
수원까지 가고 싶은데요.

B : スウォンならでんしゃでいけばすぐです。
수원이라면 전철로 가면 금방이에요.

A : こみませんか。
붐비지 않을까요?

B : こみません。それにとてもはやいので
붐비지 않습니다. 거기에다 매우 빨라서

きもちがいいですよ。
기분이 좋습니다.

A : それじゃ、ここから、いちばんちかい
그럼 여기서 어느 역이 가장

えきはどこですか。
가까울까요?

B : しちょうまえです。
시청 앞이에요.

スウォン : 수원
~なら : ~라면
すぐ : 금방, 곧
のる : 타다

こむ : 가득차다, 붐비다
はやいので : 빨라서, 빠르기 때문에
きもち : 기분
いちばん : 가장
ちかい : 가깝다

16. コーヒーでもいっしょにいかがですか。
커피나 같이 하실까요?

A: 金さん, おひさしぶりです。
미쓰 김, 오래간만입니다.

B: あ, 佐藤さん, こんにちは。
아, 사또오씨, 안녕하세요?

A: そこでコーヒーでもいっしょにいかがですか。
저기서 커피나 같이 하실까요?

B: このきっさてんはちょっとせまいですね。
이 다방은 좀 좁군요.

A: ええ, でもふんいきはいいですね。
네, 그렇지만 분위기는 좋은데요.

B: なにになさいますか。
뭘 드시겠읍니까?

コーヒーにしましょうか。
커피로 할까요?

A: ええ, そうしましょう
네, 그렇게 하죠.

ユーヒー : 커피 (coffee)
いっしょに : 같이, 함께
そこで : 저기서
せまい : 좁다.
でも : 그렇지만, 그래도
ふんいき : 분위기

- ユーヒーでもいかがですか (커피나 한 잔 하실까요)
이 경우의 「でも」는 비슷한 것들 중에서 어느 하나를 예로 들어 말할 때에 쓰는 「〜라도」「〜나」란 뜻이다. 「いかがですか」는 「どうですか (어떻습니까)」의 정중한 말로 상대방의 생각이나 안부를 물을 때 쓴다)

- いっしょに (함께)
「いっしょ」는 다른 사람과 같은 행동을 함을 뜻하는 名詞이다. 보통 「いっしょに」의 형태로 많이 쓴다.

◆ 단어 익히기

みず 〈미즈〉 물
コーヒ 〈코-히〉 커피
きゅうにゅう 〈큐우뉴우〉 우유
コーラ 〈코라〉 콜라
ジュース 〈쥬-스〉 주스
ココア 〈고꼬아〉 코코아

サイダ 〈사이다〉 사이다
ビール 〈비-루〉 맥주
ウイスキ 〈우이스끼-〉 위스키
ぶどうしゅ 〈부도-슈〉 포도주
カクテル 〈가꾸떼루〉 칵테일
シャンペン 〈샴뻥〉 샴페인

のみものは何がありますか。 〈노미모노와 난가아리마스까〉 / 마실것은 무엇이 있습니까?

おさけにしますか。 〈오사께니시마스까〉 / 청주로 하십니까?

ウイスキーをください。 〈우이스끼 오구다사이〉 / 위스키를 주세요.

しょくごにのみます。 〈쇼꾸고니노미마스〉 / 식후에 마십니다.

さけはのめません。 〈사께와노메마셍〉 / 술은 못 마십니다.

ウイスキーの水わり。 〈우이스끼 노미즈와리〉 / 물을 탄 위스키

さあ、いただきましょう。 〈사아 이따다끼마쇼오〉 / 자, 듭시다.

もっといかがですか。 〈못또 이까가데스까〉 / 더 드시지요?

17. かんこくりょうりにします。
한국 요리로 하겠읍니다.

A : なにしましょうか。
　　무엇으로 할까요?

B : 韓国料理にします。
　　한국요리로 하겠읍니다.

A : じゃ，韓国料理のみせに行きましょう。
　　그럼, 한식집으로 갑시다.

A : さあ，たべましょう。
　　자, 듭시다.

B : おいしそうですね。やっぱりプルコギは
　　맛있어 보이는군요.　　　역시 불고기는

本場の韓国がおいしいですね。
본바닥 한국요리가 맛있군요.

A : もっといかがですか。
　　더 드시지요.

B : いいえ，けっこうです。
　　아니오, 충분합니다.

いきましょう : 갑시다.
さあ : 자
おいしい : 맛있다.
もっと : 더, 더욱, 좀 더, 한층
もう : 이미, 벌써, 곧, 이제
けっこう : 충분함, 만족스러움

18.

메뉴 데고자이마스

메뉴　데고자이마스
A : **メニューでございます。**
　　메뉴 여기 있습니다.

이상　와난가다베타이데스까
B : **李さんは何がたべたいですか。**
　　미쓰리는 무엇이 먹고 싶으세요?

가레　라이스가다베타이데스
C : **カレーライスがたべたいです。**
　　카레라이스가 먹고 싶어요.

가레　라이스또코　히　오구다사이
B : **カレーライスとコーヒーをください。**
　　카레라이스와 커피를 주세요.

가시꼬마리마시다
A : **かしこまりました。**
　　알겠습니다.

メニュー : 메뉴(Menu)
ございます : 여기 있습니다.
たべる : 먹다 「たべたい」: 먹고 싶다.
カレーライス : 카레라이스
かしこまりました : 알겠습니다.

◆ 시간 익히기

	월	시	분	초
1	이찌가쯔 いちがつ	이찌지 いちじ	잇뿐 いっぷん	이찌뵤 いちびょう
2	니가쯔 にがつ	니지 にじ	니훈 にふん	니뵤오 にびょう
3	상가쯔 さんがつ	상지 さんじ	산뿐 さんぷん	산뵤오 さんびょう
4	시가쯔 しがつ	요지 よじ	욘뿐 よんぷん	욘뵤오 よんびょう
5	고가쯔 ごがつ	고지 ごじ	고훈 ごふん	고뵤오 ごびょう
6	로꾸가쯔 ろくがつ	로꾸지 ろくじ	록뿐 ろっぷん	로꾸뵤오 ろくびょう
7	시찌가쯔 しちがつ	시찌지 しちじ	나나훈 ななふん	나나뵤오 ななびょう
8	하찌가쯔 はちがつ	하찌지 はちじ	핫뿐 はっぷん	하찌뵤오 はちびょう
9	구가쯔 くがつ	구지 くじ	뀨우훈 きゅうふん	뀨우뵤오 きゅうびょう
10	쥬우가쯔 じゅうがつ	쥬우지 じゅうじ	줏뿐 じゅっぷん	쥬우뵤오 じゅうびょう
11	쥬우이찌가쯔 じゅういちがつ	쥬우이찌지 じゅういちじ	쥬우잇뿐 じゅういっぷん	쥬우이찌뵤오 じゅういちびょう
12	쥬우니가쯔 じゅうにがつ	쥬우니지 じゅうにじ	쥬우니훈 じゅうにふん	쥬우니뵤오 じゅうにびょう
15			쥬우고훈 じゅうごふん	쥬우고뵤오 じゅうごびょう
30			산쥿뿐 さんじゅっぷん	산쥬우뵤오 さんじゅうびょう

이마 난지데스까
いまなんじですか。/ 지금 몇 시 입니까?

죠오도구지데스
ちょうどくじです。/ 정각 9시 입니다.

구지고훈 스기데스
くじごふんすぎです。/ 9시 5분 지났습니다.

구지 줏뿐 스기데스
くじじゅぷんすぎです。/ 9시 10분 지났습니다.

구지 한 데스
くじはんです。/ 9시 반입니다.

쥬우지 짓뿐 마에데스
じゅうじじっぷんまえです。/ 10시 10분 전입니다.

19. いまなんじですか。
지금 몇 시 입니까?

A : 清水さん、いまなんじですか。
시미즈씨, 지금 몇 시 입니까?

B : さんじさんじゅっぷんです。
3시 30분 입니다.

A : きょうのけんきゅうかいはなんじからですか。
오늘 연구회는 몇 시부터지요?

B : ごごよじからです。
오후 4시부터 입니다.

A : なんじにおわるでしょうか。
몇 시면 끝날까요?

B : そうですね。ろくじにはおわるでしょう。
글쎄요, 6시면 끝나겠지요.

いま : 지금
なんじ : 몇 시
さんじさんじゅっぷん : 3시 30분
きょう : 오늘
けんきゅうかい(研究会) : 연구회
から : ~부터
ごご : 오후
よじ : 4시
ろくじ : 6시

20. いいしゅみをおもちですね。
좋은 취미를 가지셨군요.

A : 山田さんはスポーツがすきですか。
야마다씨는 스포츠를 좋아하십니까?

B : はい, すきです。
네, 좋아합니다.

A : スポーツはなにがすきですか。
스포츠는 무엇을 좋아합니까?

B : テニスがいちばんすきです。
테니스를 제일 좋아합니다.

金さんのしゅみはなんですか。
미쓰 김의 취미는 무엇입니까?

A : きってをあつめることです。
우표를 모으는 일 입니다.

B : いいしゅみをおもちですね。
좋은 취미를 가지셨군요.

しゅみ(趣味) : 취미
スポーツ : 스포츠(Sport)
すきです : 좋아합니다.
テニス : 테니스
いちばん : 제일
きって : 우표
あつめる : 모으다, 모여들다, 집중하다
こと : 일

21. ごしんもつですね
고 신 모 쓰 데 스 네
선물하실거군요.

A: ワイシャツをみせてください。
와이 샤 쓰 오 미 세 떼 구 다 사이
와이셔츠를 보여 주세요.

B: おきゃくさまがお召しですか。
오 갸 꾸 사 마 가 오 메 시 데스 까
손님이 쓰실 겁니까?

A: いいえ。
이 이 에
아니요.

B: あ、ごしんもつですね。
아 고 신 모 쓰 데 스 네
아, 선물하실거군요.

あのそらいろのワイシャツはどうでしょう。
아 노 소 라 이 로 노 와 이 샤 쓰 와 도 오 데 쇼 오
저 하늘색 와이셔츠는 어떨까요?

A: よさそうですね。それをください。
요 사 소 오 데 스 네   소 레 오 구 다 사이
좋아 보입니다. 그것을 주세요.

B: サイズはどれくらいでしょうか。
사 이 즈 와 도 레 꾸 라 이 데 쇼 오 까
사이즈가 얼마쯤 되지요?

A: 十五だとおもうわ。
쥬우고 다 또 오 모 우 와
15라고 생각되는데요.

22. ここにでんぶんをかいてください。
여기에 전문을 써 주세요.

A: でんぽうをうちたいのですが。
전보를 치려는데요.

B: ここにでんぶんをかいてください。
여기에 전문을 써 주세요.

A: ここにでんぶんとあてながあります。
전문과 수신자 주소가 여기 있습니다.

B: ふつうでんぽうにしますか。
보통 전보로 하시겠습니까?

A: はい, ふつうでんぽうでおねがいします。
예, 보통 전보로 해 주십시오.

B: これはしゅくでんですか。
이것은 축전입니까?

A: いいえ, ちょうでんです。
아닙니다. 조전입니다.

でんぽう : 전보
ここに : 여기에
でんぶん : 전문(電文)
ふつうでんぽう : 보통 전보
しゅくでん : 축전
ちょうでん : 조전(弔電)

23. はがきをじゅうまいください。
엽서를 열 장 주십시오.

A : はがきをじゅうまいください。
　　엽서를 열 장 주십시오.

B : はい、かしこまりました。
　　예, 알겠습니다.

A : ああ、それからきってもじゅうまいほどください。
　　아아, 그리고 우표도 열 장쯤 주십시오.

B : はい。かしこまりました。
　　예, 알겠습니다.

A : てがみにゆうびんばんごうを
　　편지에 우편번호를

　　かかなければなりませんか。
　　쓰지 않으면 안됩니까?

B : はい、もちろんです。
　　예, 물론입니다.

A : ゆうびんばんごうは、どうしてしらべるんですか。
　　우편번호는 어떻게 찾습니까?

じゅうまい : 10매
はがき : 엽서
かしこまりました : 알겠습니다.
きって : 우표
ゆうびん : 우편
てがみ : 편지

24. なんのいしですか。
무슨 보석입니까?

A : このゆびわのいしはなんですか。
이 반지는 무슨 보석입니까?

B : ルビーです。はめてみてください。
루비입니다. 끼워보세요.

A : でも, おいくらかしら。
그렇지만, 값이 얼마나 될는지요?

B : ごまんウォンです。
5만원 입니다

A : たかいですね。
비싸군요.

もういちどかんがえてからきます。
다시 생각해 보고 오겠습니다.

いし : 보석
ゆびわ : 반지
ルビー : 루비
はめて : 끼워
でも : 그렇지만
ごまんウォン : 50,000원
たかい : 비싸다.
きます : 오겠습니다 .

25. あまくておいしいです。
달고 맛있습니다.

A : このももひとついくらですか。
이 복숭아 한 개 얼마에요?

B : ひとつ200ウォンです。
한 개에 200원 입니다.

これは, ほんとうにやすくておいしいですよ。
이건 정말 싸고 맛있어요.

A : じゃ, それを8つください。
그럼, 그것을 여덟 개 주세요.

B : はい, わかりました。
네, 알겠습니다.

奥さん, このすいかはいかがですか。
아주머니, 이 수박은 어떻습니까?

A : それはいくらですか。
그것은 얼마지요?

B : えーと, これは500ウォンです。
저, 이건 500원 입니다.

A : じゃ, それもひとつください。
그럼, 그것도 하나 주세요.

あま(甘)い : 달다.　　　やすい : 싸다.
もも(桃) : 복숭아　　　ほんとうに : 정말
ひとつ : 한 개　　　　おいしい : 맛있다.
すいか : 수박　　　　おくさん : 아주머니

26. いくらですか
얼마입니까?

A : あのくろいくつはいくらですか。
저 검은 구두는 얼마입니까?

B : きゅうせんウォンです。
9,000원 입니다.

A : たかいですね。
비싸군요.

もっとやすいのはありませんか。
더 싼 것은 없습니까?

B : ございます。これはろくせんウォンです。
있습니다. 이것은 6,000원 입니다.

A : それ, いいですね。それにします。
그것이 좋겠군요. 그걸로 하겠어요.

B : おきゃくさまのサイズはいくらですか。
손님의 사이즈는 얼마입니까?

A : サイズは24です。
사이즈는 24 입니다.

くろい : 검은
くつ : 구두
いくら : 얼마
きゅうせん : 9,000
たかい : 비싸다.

もっと : 더
やすい : 싼
ございます : 있습니다.
きゃく : 객, 손님

- いくらですか : 얼마입니까?
「いくら」는 「어느 정도」란 뜻으로 값, 무게, 量 등을 물을 때 쓰는 말이다. 또 「いくら～ても/아무리～해도」의 形으로 副詞로도 쓰인다.
- たかい : 비싸다.
비싸다, 높다의 두가지 뜻으로 해석된다.
- やすいの : 싼 것
「の」는 用言(形容詞, 動詞 등)의 連体形(名詞 앞에 오는 形) 뒤에 와서「もの/것」「この/이」등의 뜻을 나타낸다.
- ございます : 있습니다.
「ございます」는 「あります」의 공손한 표현이다.
- (～を) ください : (～을) 주십시오.
「くださる」의 命令形. 윗사람이 (자기에게) 「주신다」는 뜻.
- おきゃくさま : 손님
「きゃく」 즉 (손님)을 높인 말.
「お～さま」 또는 「ご～さま」의 형식으로 그 대상에 대한 존경의 뜻을 나타낸다.
おいしゃさま / 의사선생님
おとうさま / 아버님
おかあさま / 어머님

◆ **상점 익히기**

デパート 〈데빠-또〉 백화점
ふじんふくしたてや 〈후진후꾸시다데야〉 양장점
ぼうしてん 〈보오시뗑〉 모자점
くつや 〈구쯔야〉 양화점
ほうせきてん 〈호오세끼뗑〉 보석점
めがねや 〈메가네야〉 안경점
しゃしんかん 〈샤신깐〉 사진관
うんどうぐてん 〈운도오구뗑〉 운동구점
やっきょく 〈약꾜꾸〉 약국
たばこや 〈다바꼬야〉 담배가게
しょてん 〈쇼뗑〉 서점
ぶんぐてん 〈붕구뗑〉 문방구점
クリーニングてん 〈구리닝구뗑〉 세탁소

27. 人蔘をちょっとみせてくれませんか。
닌 징 오 쫏 또미세떼구레마 셍 까
인삼을 좀 보여 주시겠어요?

A : いらっしゃいませ。
이 랏 샤 이 마세
어서 오십시오.

何をさしあげましょうか。
나니오 사 시 아게마 쇼오 까
무엇을 찾으십니까?

B : こうらいにんじんをちょっとみせてくれませんか。
꼬오라이 닌 징 오 쫏 또미세떼구레마 셍 까
고려인삼을 좀 보여 주시겠어요?

A : はい，かしこまりました。
하 이 가시꼬마리마시따
예, 알겠습니다.

これはいかがでしょうか。
고 레 와이까 가데 쇼 오 까
이것은 어떻습니까?

B : それはいくらですか。
소 레 와 이꾸 라데스 까
그것은 얼마죠?

A : これは一万五千ウォンです。
고 레 와 이찌망 고셍 원 데 스
이것은 15,000원 입니다.

B : じゃ，ふたはこください。
쟈 후따하꼬구다사이
그럼, 두 상자를 주세요.

なに : 무엇
こうらいにんじん : 고려 인삼
みせてくれませんか : 보여 주지 않겠습니까?
いくらですか : 얼마입니까?
いちまんごせんウォン : 15,000원
ふたはこ : 두 상자

28. おにもつはどれでございますか。
짐은 어느 것입니까?

A : おにもつはどれでございますか。
짐은 어느 것입니까?

B : このかばんひとつだけです。
이 가방 하나 뿐입니다.

A : では, どうぞこちらへ。
그럼, 이리로 오십시오.

B : あんがいさっぱりしていて,
제법 깨끗하고

けっこうなへやですね。
좋은 방이군요.

A : おきにめしましたか。
마음에 드십니까?

B : ええ, ようじがあれば, あとでよびますよ。
예, 뭐 볼 일이 있으면 나중에 부르지요.

A : はい, かしこまりました。
예, 알겠습니다.

にもつ : 짐
だけ : ～뿐
あんがい : 뜻밖에, 예상외로, 의외로
さっぱり : 깨끗한 모양, 단정한 모양
けっこう : 훌륭한 모양, 좋은 모양

おきにめす : 마음에 들다.
ようじ : 용무, 볼 일
あとで : 나중에, 후에
よぶ : 외치다, 손짓해 부르다.

29. りょこうあんないもしてくれますか。
여행 안내도 해 주십니까?

A : りょこうあんないもしてくれますか。
여행 안내도 해 주십니까?

B : もちろんですとも。
물론입니다.

A : キョングジュかんこうをしたいと
경주 구경을 하고 싶은

おもいましてね。
생각이 있어서요.

B : いいですよ。
좋습니다.

A : あしたのきっぷにまいありますか。
내일 표 두 장 있을까요?

B : はい, ございます。
예, 있습니다.

こくない : 국내
りょこう : 안내
あんない : 안내, 안내소
キョングジュ : 경주
かんこう : 관광, 구경
したい : 하고 싶다.
きっぷ : 표
にまい : 두 장

30. パスポートをみせてください。
여권을 보여 주십시오.

A : パスポートをみせてください。
여권을 보여 주십시오.

B : はい，どうぞ。
예, 여기 있습니다.

A : かんこくにどのくらいたいざいの
한국에 얼마 동안이나 머물

よていですか。
예정이십니까?

B : やくにしゅうかんです。
약 2주간입니다.

A : ほうもんのもくてきはなんですか。
방문의 목적은 무엇입니까?

B : かんこうです。
관광입니다.

A : けっこうです。どうかよい御旅行を。
좋습니다. 모쪼록 즐거운 여행이 되시기를.

パスポート : 여권   ほうもん : 방문
みせて : 보여   もくてき : 목적
たいざい : 체재   かんこう : 관광
よてい : 예정   とうか : 아무쪼록, 제발
やく : 약

31. しんこくするものは。
신고할 물건은?

A : パスポートとぜいかんしんこくしょを
여권과 세관 신고서를

みせてください。
보여 주십시오.

B : はい, ここにあります。
예, 여기 있습니다.

A : このはこはなんですか。
이 상자는 무엇입니까?

B : これはおにんぎょうです。
이것은 인형입니다.

A : なにかとくべつにしんこくするものは
뭐, 특별히 신고할 것은

ありませんか。
없습니까?

B : はい, ありません。
예, 없습니다.

A : はい, けっこうです。
네, 좋습니다.

ぜいかん : 세관　　　　とくべつに : 특별히
しんこくしょ : 신고서　　しんこく : 신고
はこ : 상자　　　　　　ありませんか : 없습니까?
おにんぎょう : 인형

32. こうくうけんはおもちですか。
<small>고오꾸우껜 와 오모찌데스까</small>
항공권을 가지고 계십니까?

A : ニューヨークゆきのカール
<small>뉴 요 꾸 유끼노 카 루</small>
뉴욕행 대한 항공

ななひゃくななびんにのりたいのですが。
<small>나나햐꾸나나빙 니 노리따이노데스가</small>
707을 타려는데요.

B : こうくうけんはお持ちですか。
<small>고오꾸우껜 와 오모찌데스까</small>
항공권을 가지고 계십니까?

A : はい, ここにあります。
<small>하이 고꼬니아리마스</small>
예, 여기 있습니다.

B : それから, せきはどちらのほうになさいますか。
<small>소레까라 세끼와 도찌라노호오니 나사이마스까</small>
그리고, 자리는 어느쪽으로 하시겠습니까?

A : そうですね。あのまえからさんばんめの
<small>소오데스네 아노마에까라 산 반메노</small>
글쎄요. 저 앞에서 세 번째의

まどぎわのところにしてください。
<small>마도기와노도꼬로니시떼구다사이</small>
창문 곁으로 해 주세요.

B : はい, かしこまりました。
<small>하이 가시꼬마리마시따</small>
예, 알겠습니다.

ニューヨーク : 뉴욕(New York)
カール : 대한 항공(KAL)
ななひゃくななびん : 707편
せき : 좌석, 자리
どちらのほうに : 어느 쪽으로
あのまえから : 저 앞에서부터
さんばんめの : 세번째의
まどぎわ : 창가, 창문 곁

33. よやくはしているでしょうか。
예약은 되어 있습니까?

A : ゆうべ、でんわでよやくしておいた
어제 저녁에 전화로 예약해 놓은

田中ですが。
다나까인데요.

B : はい、バスつきのシングルルームですね。
예, 욕실이 붙은 싱글 룸이지요?

A : はい、そうです。
예, 그렇습니다.

B : どのくらいおとまりのごよていですか。
얼마나 묵으실 예정이십니까?

A : いっしゅうかんのよていです。
일주일 예정입니다.

B : このカードにお名前をお書きください。
이 카드에 서명해 주십시오.

よやく：예약
ゆうべ：어제 저녁
でんわ：전화
バス：욕실
つき：붙는 상태, 붙은
シングルルーム：싱글 룸(Single room)

おなまえ：이름, 성함.
よてい：예정,
いっしゅかん：일주일
カード：카드(Card))
おかきください：써 주십시오.

◆ 응용 회화

　요야꾸와 나 삿 떼이마스까
- **よやくはなさっていますか。**
　예약은 되어 있습니까?

　싱 구루데스까　소레또모다부루데스까
- **シングルですか, それともダブルですか。**
　싱글입니까? 더블입니까?

　다부루오 오네가이시마스
- **ダブルをおねがいします。**
　더블을 부탁합니다.

　못 또 지이사이헤야와아리마 셍 까
- **もっとちいさいへやはありませんか。**
　좀 더 작은 방은 없습니까?

　아사　로꾸지니오꼬시떼구다사이
- **あさ, ろくじにおこしてください。**
　아침 6시에 깨워 주십시오.

　고 노 헤야와이꾸라데스 까
- **このへやはいくらですか。**
　이 방은 얼마입니까?

　아사고 항 또유우고 항 쯔끼데　오히도리사마
- **あさごはんとゆうごはんつきで, おひとりさま**
　조반과 저녁을 드리고 한분에

　나나 셍　엔 데고자이마스
ななせんえんでございます。
　7,000엔 입니다.

　니 햐꾸니 쥬 우고오시쓰노기무데스가
- **にひゃくにじゅうごうしつのキムですが,**
　220호실의 김인데요.

　오 깐 죠 오오네가이시마스
- **おかんじょうをおねがいします。**
　계산을 부탁드립니다.

34. あいているへやがありますか。
빈 방이 있습니까?

A : いらっしゃいませ。
어서 오십시오.

B : あいているへやがありますか。
빈 방이 있습니까?

A : はい, どうぞおあがりくださいませ。
예, 어서 올라 오십시오.

B : りょうきんはどうなっていますか。
요금은 어떻게 됩니까?

A : おひとりさまよんせんえんでございます。
한 분에 4,000엔 입니다.

B : そうですか。
그렇습니까?

あす六じにおこしてください。
내일 6시에 깨워 주세요.

A : かしこまりました。
알겠습니다.

ここにサインしてください。
여기에 사인 해 주세요.

あいているへや : 빈 방　　　　おひとりさま : 한 분
どうぞ : 아무쪼록, 부디, 제발　よんせんえん : 4,000엔
りょうきん : 요금　　　　　　　あす : 내일

◆ 단어 익히기

じどうしゃ 〈지도오샤〉 승용차
タクシ 〈다꾸시〉 택시
じどうにりんしゃ 〈지도니린샤〉 오토바이
バス 〈바스〉 버스
しゃどう 〈샤도오〉 차도
ちゅうしゃじょう 〈쮸우-샤죠오〉 주차장

ろじ 〈로지〉 골목길
こうさてん 〈고오사뗑〉 교차점
しんごうき 〈싱고오끼〉 신호기
おうだん 〈오오당〉 횡단보도
ふみきり 〈후미끼리〉 건널목
こうそく 〈고오소꾸〉 고속도로

とっきゅうれっ 〈돗뀨우렛〉 특급열차
ふつう 〈후쓰우〉 보통열차
ちかてつ 〈지까데쓰〉 지하철
しんだいしゃ 〈신다이샤〉 침대차
きっぷうりば 〈깃뿌우리바〉 차표판매소
きっぷはんばい 〈깃뿌한바이〉 차표판매기
にもつ 〈니모쯔〉 화물

ざせき 〈자세끼〉 좌석
せんろ 〈센로〉 선로
きっぷ 〈깃뿌〉 차표
いりぐち 〈이리구찌〉 입구
でぐち 〈데구찌〉 출구
きかんし 〈끼깐시〉 기관사
まちあいしつ 〈마찌아이시쓰〉 대합실

スチュワーデス 〈스쮸와데스〉 스튜어디스
めんぜいばいてん 〈멘제이바이뗑〉 면세매점
ひこうき 〈히꼬오끼〉 비행기
ヘリコプタ 〈헤리꼬뿌따〉 헬리콥터
とうじょうけん 〈도오죠오껜〉 탑승권
にふだ 〈니후다〉 짐표
にもつうんぱんにん 〈니모쯔움빤닝〉 화물운반인

しゅっぱつロビー 〈슛빠쯔로비〉 출발로비
とうちゃくロビー 〈도오쨔꾸로비〉 도착로비
いっとうせき 〈잇또-세끼〉 일등석
ぜいかん 〈제이깐〉 세관
きけんぶつ 〈끼껨부쯔〉 위험물

きゃくせん 〈갸꾸셍〉 객선
かもつせん 〈가모쯔셍〉 화물선
ぎょせん 〈교셍〉 어선
ゆうらんせん 〈유우란셍〉 유람선
モーターボート 〈모-따-보-또〉 모터보트
とうだい 〈도오다이〉 등대
じゅんしせん 〈준시셍〉 경비선

ぼうはてい 〈보오하떼이〉 방파제
フェリボート 〈후에리보-또〉 페리보트
デッキ 〈덱끼〉 갑판
せんちょう 〈센쬬오〉 선장
いかり 〈이까리〉 닻
すいふ 〈스이후〉 선원

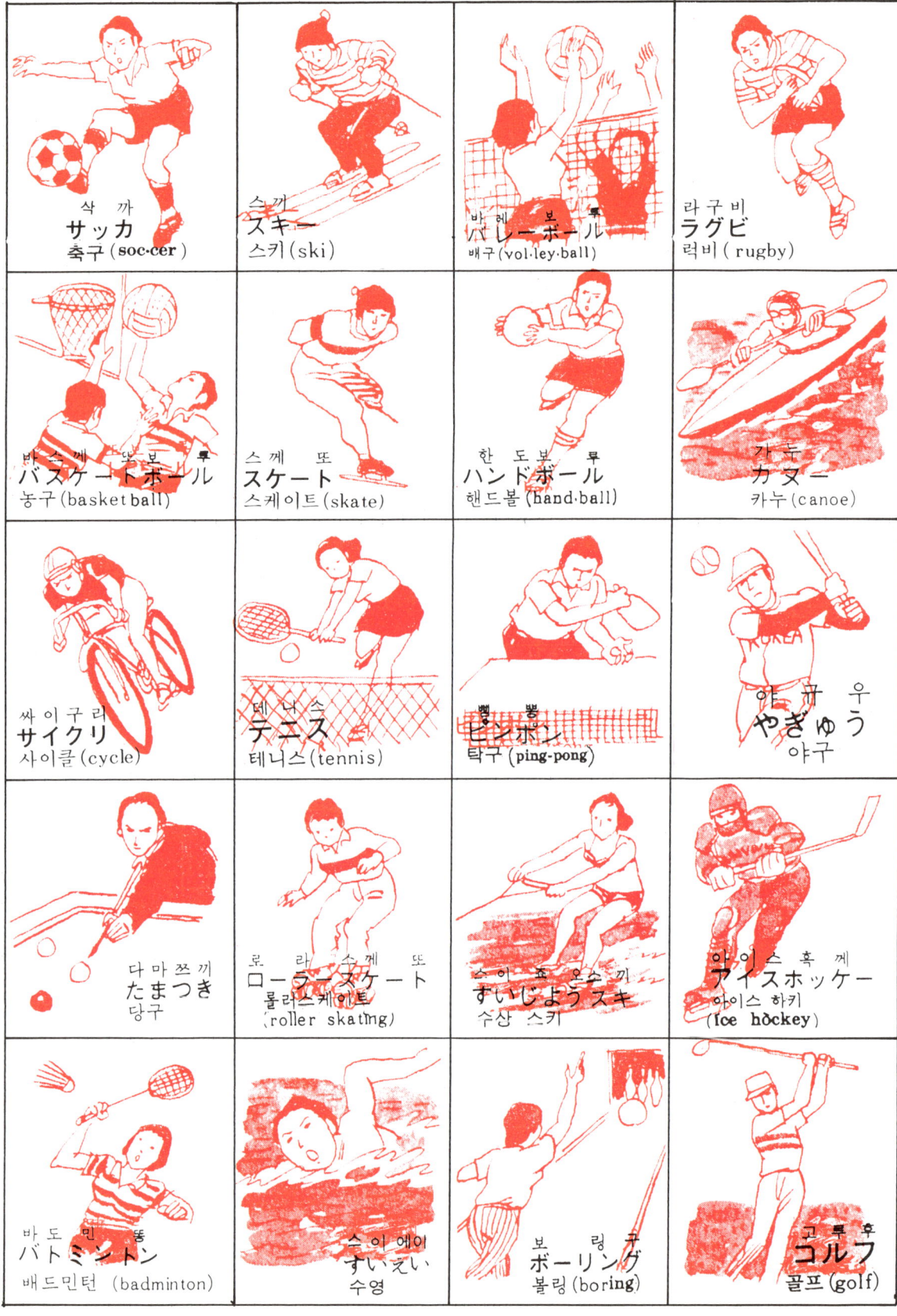

● 중요회화 정리 ●

공항

^{비자오모라이니기마시다}
ビザをもらいにきました。
비자를 받으러 왔습니다.

^{뉴우꼬꾸노모꾸데끼와}
にゅうこくのもくてきは。
입국 목적은 무엇입니까?

^{강꼬오데스}
かんこうです。
관광입니다.

^{료꼬오노 쇼루이와오모찌데스까}
りょこうのしょるいはおもちですか。
여행서류는 가지고 계십니까?

^{료껜 비자 쮸우샤가도}
りょけん, ビザ, ちゅうしゃカード
여권, 비자, 주사카드,

^{소시떼꼬우꾸우껜오못떼이마스}
そしてこうくうけんをもっています。
그리고 항공권을 가지고 있습니다.

^{빠스뽀ー또오미세떼구다사이}
パスポートをみせてください。
여권을 보여 주십시오.

^{빠스뽀 또오오모찌데스까}
パスポートをおもちですか。
여권을 가지고 계십니까?

^{니모쯔노 난꼬데스까}
にもつのなんこですか。
짐은 몇 개 입니까?

^{니모쯔와하끼까에 쇼오데스}
にもつははきかえしょうです。
화물의 인환권입니다.

^{도오죠오껜와}
とうじょうけんは。
탑승권은?

^{세끼와도찌라노호오니이따시마스까}
せきはどちらのほうにいたしますか。
자리는 어느 쪽으로 하시겠습니까?

^{고노세끼와아이떼이마스까}
このせきはあいていますか。
이 좌석은 비어 있습니까?

^{세끼오가에따 인데스가}
せきをかえたいんですが。
좌석을 바꾸고 싶은데요.

あのまえからさんばんめのまどぎわの
저 앞에서 세번째의 창문

ところにしてください。
곁으로 해 주세요.

いまここにはなんじですか。
지금 이곳은 몇 시 입니까.?

ただいまりりくいたしますからベルトを
이제 곧 이륙하겠으니 벨트를

おしめください。
매어 주십시오.

よていの時間につきますか。
예정시간에 도착합니까?

パスポートとぜいかんしんこくしょを
여권과 세관신고서를

みせてください。
보여 주십시오.

このはこはなんですか。
이 상자는 무엇입니까?

かばんをあけてくれませんか。
가방을 열어 주지 않겠읍니까?

しんこくするものはありませんか。
신고할 물건은 없읍니까?

なんもありません。
없읍니다.

호텔

요야꾸와시데아리마스까
よやくはしてありますか。
예약은 되어 있습니까?

뎅 와요야꾸시데오이따바꾸데스
でんわよやくしておいたバクです。
전화로 예약한 박입니다.

도노구라이오도마리노고요떼이데
どのくらいおとまりのごよていで。
얼마나 묵으실 예정이신데.

잇 슈 깐 노요떼이데스
いっしゅかんのよていです。
일주일 예정입니다.

고노가 도니 쇼 메이시데구다사이
このカードにしょめいしてください。
이 카드에 서명해 주십시오.

싱 구루니시마스까
シンクルにしますか。
싱글로 합니까?

이이에 다부루데스
いいえ, ダブルです。
아니요, 더블입니다.

쳇 꾸 아우또와
チェック・アウトは。
체크아웃은 몇시죠?

료 꼬오꼬 깃 떼오가에따 인 데스가
りょこうこぎってをかえたいんですが。
여행자수표를 바꾸고 싶은데요.

나니오오모찌시마 쇼 오까
なにをおもちしましょうか。
무엇을 갖다 드릴까요?

구리 닝 구가데끼마스까
クリーニングができますか。
세탁을 할 수 있습니까?

이쓰데끼아가리마스까
いつできあがりますか。
언제 다 됩니까?

고오께이이꾸라데스까
こうけいいくらですか。
합계 얼마입니까?

니만엔데고자이마스
に万円でございます。
2만원 입니다.

하이 오쓰리데스
はい, おつりです。
예, 거스름 돈입니다.

길안내

あの，ちょっと，しつれいいたします。
저, 잠깐 실례하겠습니다.

ちょっとみちにまよってしまいまして。
길을 좀 잃어버렸거든요.

ちょっとみちをおしえていただけませんか。
잠깐 길 좀 가르쳐 주시겠습니까?

ここはどこですか。
여기는 어디입니까?

どういったらいいですか。
어떻게 가면 좋습니까?

どのくらいかかりますか。
어느 정도 걸립니까?

あんないしましょうか。
안내해 드릴까요?

みぎへまがりなさい。
오른쪽으로 도세요.

まっすぐにいきなさい。
똑바로 가세요.

ひたりかわにあります。
왼편에 있습니다.

ついていらっしゃい。
따라 오세요.

いっしょにいきましょう。
함께 갑시다.

あるいていけますか。
걸어서 갈 수 있습니까?

バスでいきますか。
버스로 갑니까?

すぐです
잠깐입니다.

교통

<ruby>고노바스와<rt></rt></ruby> <ruby>에이끼마스까<rt></rt></ruby>
このバスは〇〇へいきますか。
이 버스는 〇〇에 갑니까?

バスでいけますか。
바스데이께마스까
버스로 갈 수 있습니까?

고노렛샤와도꼬니이끼마스까
この列車はどこにいきますか。
이 열차는 어디에 갑니까?

마데노 깃뿌오구다사이
〇〇までのきっぷをください。
〇〇까지의 표를 주십시요.

마데 난 지깡구라이가까리마스까
〇〇までなん時間ぐらいかかりますか。
〇〇까지 몇 시간 정도 걸립니까?

쓰기노에끼데노리가에떼구다사이
次のえきでのりかえてください。
다음 역에서 갈아 타십시오.

다꾸시 와도꼬데노리마스까
タクシーはどこでのりますか。
택시는 어디서 탑니까?

다꾸시 오 욘 데구다사이
タクシーをよんでください。
택시를 불러 주세요.

고꼬마데 잇 데구다사이
ここまでいってください。
여기까지 가 주세요.

이꾸라데스까
いくらですか。
얼마입니까?

오쯔리와 돗 떼오끼나사이
おつりはとっておきなさい。
거스름은 가지세요.

잇 세끼요야꾸시데구다사이
いっせきよやくしてください。
좌석하나 예약해 주세요.

다이깡고오꾸우오리요 오 시마스
大韓航空をりよおします。
대한항공을 이용합니다.

지깐도오리니 슛빠쓰시마스
時間どおりに出発します。
시간대로 출발합니다.

니모쓰와 아즈께마시다까
荷物はあずけましたか。
짐은 맡겼습니까?

초대 · 방문 · 안부 · 소개

고 쇼따이구다삿 떼아리가또오고자이마스
ご招待下さってありがとうございます。
초대해 주셔서 대단히 감사합니다.

오 쟈 마이다시마스
おじゃまいたします。
실례하겠습니다.

파 티 니 쇼따이시따 인 데스가
パーティに招待したいんですが。
파티에 초대하고 싶은데요.

기 데구다 삿 떼아리가또오고자이마스
来て下さってありがとうございます。
와 주셔서 감사합니다.

교오와 혼 또오니다노시 갓 따데스
今日はほんとうに楽しかったです。
오늘은 대단히 즐거웠습니다.

우찌 니 제히기 데구다사 이
うちにぜひ来て下さい。
우리집에도 꼭 와 주십시오

제히우까가이마스
ぜひうかがいます。
꼭 방문하겠습니다.

고 노고로도오데스 까
このごろどうですか。
요즘 어떻습니까?

오 까와리아리마 셍 까
おかわりありませんか。
별고 없습니까?

도 오시데이 랏 샤 이마스까
どうしていらっしゃいますか。
어떻게 지내십니까?

에에 오 까게사마데
ええ, おかげさまで。
예, 덕분으로.

하 지메마시떼
はじめまして。
처음 뵙겠습니다.

오아이데끼데우레 슈 우고자이마스
おあいできてうれしゅうございます。
만나뵙게 되어 반갑습니다.

와 다시와 김데스
わたしは金です。
나는 김입니다.

와 다구시가이데고자이마스
わたくしが李でございます。
제가 이입니다.

● 요음쓰기공부 ●

きゃ	きゅ	きょ	しゃ	しゅ	しょ
kya(キャ) 캬	kyu(キュ) 큐	kyo(キョ) 쿄	sya(シャ) 샤	syu(シュ) 슈	syo(ショ) 쇼
きゃ	きゅ	きょ	しゃ	しゅ	しょ
きゃ	きゅ	きょ	しゃ	しゅ	しょ
キャ	キュ	キョ	シャ	シュ	ショ
キャ	キュ	キョ	シャ	シュ	ショ
キャ	キュ	キョ	シャ	シュ	ショ

ちゃ	ちゅ	ちょ	にゃ	にゅ	にょ
chya(チャ)쨔	chu(チュ)쮸	cho(チョ)쬬	nya(ニャ)냐	nyu(ニュ)뉴	nyo(ニョ)뇨
ちゃ	ちゅ	ちょ	にゃ	にゅ	にょ
ちゃ	ちゅ	ちょ	にゃ	にゅ	にょ
チャ	チュ	チョ	ニャ	ニュ	ニョ
チャ	チュ	チョ	ニャ	ニュ	ニョ
チャ	チュ	チョ	ニャ	ニュ	ニョ

ひゃ	ひゅ	ひょ	みゃ	みゅ	みょ
hya(ヒャ) 햐	hyu(ヒュ) 휴	hyo(ヒョ) 효	mya(ミャ) 먀	myu(ミュ) 뮤	myo(ミョ) 묘
ひゃ	ひゅ	ひょ	みゃ	みゅ	みょ
ひゃ	ひゅ	ひょ	みゃ	みゅ	みょ
ヒャ	ヒュ	ヒョ	ミャ	ミュ	ミョ
ヒャ	ヒュ	ヒョ	ミャ	ミュ	ミョ
ヒャ	ヒュ	ヒョ	ミャ	ミュ	ミョ

りゃ	りゅ	りょ	ぎゃ	ぎゅ	ぎょ
rya (リャ) 랴	ryu (リュ) 류	ryo (リョ) 료	gya (ギャ) 갸	gyu (ギュ) 규	gyo (ギョ) 교
りゃ	りゅ	りょ	ぎゃ	ぎゅ	ぎょ
りゃ	りゅ	りょ	ぎゃ	ぎゅ	ぎょ
リャ	リュ	リョ	ギャ	ギュ	ギョ
リャ	リュ	リョ	ギャ	ギュ	ギョ
リャ	リュ	リョ	ギャ	ギュ	ギョ

じゃ	じゅ	じょ	ぢゃ	ぢゅ	ぢょ
zya (ジャ) 쟈	zyu (ジユ) 쥬	zyo (ジョ) 죠	zya (ヂャ) 쟈	zyu (ヂュ) 쥬	zyo (ヂョ) 죠
じゃ	じゅ	じょ	ぢゃ	ぢゅ	ぢょ
じゃ	じゅ	じょ	ぢゃ	ぢゅ	ぢょ
ジャ	ジュ	ジョ	ヂャ	ヂュ	ヂョ
ジャ	ジュ	ジョ	ヂャ	ヂュ	ヂョ
ジャ	ジュ	ジョ	ヂャ	ヂュ	ヂョ

びゃ	びゅ	びょ	ぴゃ	ぴゅ	ぴょ
bya (ビャ) 뱌	byu (ビュ) 뷰	byo (ビョ) 뵤	pya (ピャ) 퍄	pyu (ピュ) 퓨	pyo (ピョ) 표
びゃ	びゅ	びょ	ぴゃ	ぴゅ	ぴょ
びゃ	びゅ	びょ	ぴゃ	ぴゅ	ぴょ
ビャ	ビュ	ビョ	ピャ	ピュ	ピョ
ビャ	ビュ	ビョ	ピャ	ピュ	ピョ
ビャ	ビュ	ビョ	ピャ	ピュ	ピョ

●낱말쓰기공부●

(aki) あき (秋) (가을)	あき 				
(asa) あさ (朝) (아침)	あさ 				
(ie) いえ (家) (집)	いえ 				
(inu) いぬ (犬) (개)	いぬ 				
(kao) かお (顔) (얼굴)	かお 				
(kiku) きく (菊) (국화)	きく 				
(uo) うお (魚) (물고기)	うお 				
(usi) うし (牛) (소)	うし 				

(kami) かみ (紙) (종이)	かみ				
(sara) さら (皿) (접시)	さら				
(sora) そら (空) (하늘)	そら				
(kumo) くも (雲) (구름)	くも				
(kusa) くさ (草) (풀)	くさ				
(kome) こめ (米) (쌀)	こめ				
(neko) ねこ (猫) (고양이)	ねこ				
(hato) はと (鳩) (비둘기)	はと				

(hoshi) ほし (星) (별)	ほし				
(hana) はな (花) (꽃)	はな				
(mimi) みみ (耳) (귀)	みみ				
(ago) あご (顎) (턱)	あご				
(buta) ぶた (豚) (돼지)	ぶた				
(tori) とり (鳥) (새)	とり				
(mado) まど (窓) (창문)	まど				
(kawa) かわ (川) (냇물・강)	かわ				

(otoko) おとこ (男) (남자)	おとこ			
(onna) おんな (女) (여자)	おんな			
(kagami) かがみ (鏡) (거울)	かがみ			
(tabako) たばこ (煙草) (담배)	たばこ			
(suzume) すずめ (雀) (참새)	すずめ			
(megane) めがね (眼鏡) (안경)	めがね			
(bōshi) ぼうし (帽子) (모자)	ぼうし			
(usagi) うさぎ (兎) (토끼)	うさぎ			

(tokei) とけい (時計) (시계)	とけい			
(tsukue) つくえ (机) (책상)	つくえ			
(atama) あたま (頭) (머리)	あたま			
(sakura) さくら (桜) (벚꽃)	さくら			
(yubiwa) ゆびわ (指輪) (반지)	ゆびわ			
(kitte) きって (切手) (우표)	きって			
(zatshi) ざっし (雑誌) (잡지)	ざっし			
(kokki) こっき (国旗) (국기)	こっき			

(sinshi) しんし (紳士) (신사)	しんし			
(deŋki) でんき (電気) (전기)	でんき			
(deŋwa) でんわ (電話) (전화)	でんわ			
(hoŋya) ほんや (本屋) (책방)	ほんや			
(tombo) とんぼ (잠자리)	とんぼ			
(senmu) せんむ (専務) (전무)	せんむ			
(ehoŋ) えほん (絵本) (그림책)	えほん			
(kabaŋ) かばん (鞄) (가방)	かばん			

(biiru) ビール (맥주)	ビール			
(ribon) リボン (리본)	リボン			
(matchi) マッチ (성냥)	マッチ			
(koppu) コップ (컵)	コップ			
(kanna) カンナ (칸나)	カンナ			
(komma) コンマ (코머)	コンマ			
(nōto) ノート (노우트)	ノート			
(bōto) ボート (보우트)	ボート			

(otōto) おとうと (弟) (아우)	おとうと		
(imōto) いもうと (妹) (여동생)	いもうと		
(sensei) せんせい (先生) (선생님)	せんせい		
(gakusei) がくせい (学生) (학생)	がくせい		
(shasin) しゃしん (写真) (사진)	しゃしん		
(okyaku) おきゃく (客) (손님)	おきゃく		
(syuzin) しゅじん (主人) (주인)	しゅじん		
(gakkō) がっこう (学校) (학교)	がっこう		

(soketto) ソケット (소켓)	ソケット		
(hammā) ハンマー (해머)	ハンマー		
(antena) アンテナ (안테나)	アンテナ		
(nekkuresu) ネックレス (목걸이)	ネックレス		
オートバイ (오오토바이)	オートバイ		
グライダー (글라이더)	グライダー		
(runningu) ランニング (런닝)	ランニング		
(enzinia) エンジニア (엔지니어)	エンジニア		

(아버지) おとうさん		
(어머니) おかあさん		
(할아버지) おじいさん		
(할머니) おばあさん		
(형님) おにいさん		
(누님) おねえさん		
(식당) しょくどう		
(지난 주) せんしゅう		